世界最先端の
営業組織の
作り方

セールス・イネーブルメント

Sales
Enablement

山下貴宏

かんき出版

> 本書は、営業に関わる全ての方々に向けて
> 次のような悩みを解決する一冊です。

なぜ
営業能力の差は縮まらないのだろう？

やっぱり
育成は「OJTだけ」だと、成果にバラツキがある。

どうしても
エース営業に頼ってしまう。

せっかく
トレーニングや研修を実施しているのに、
効果を把握・検証できていない。

どうしたら
新人営業は即戦力になるのだろう？

さらには
人事部やマーケティング部と
どうすれば効果的な連携がとれるのだろう？

筋肉質な営業組織をつくる手法
「セールス・イネーブルメント」とは

「うちの会社の営業を強くしたい」

　経営を担っているエグゼクティブ、現場にコミットしている営業マネージャー、研修を任せている人事担当者であれば、この想いは共通で持っていることでしょう。そして、それを叶えるために日々試行錯誤していることと思います。

　しかし、どうでしょう。

　期待した成果は出ているでしょうか。

　そもそも「育成の成果を検証し、PDCAを回そう」という意識はあるでしょうか。

　残念ながら、大半の日本企業の営業組織では「育成は現場任せ」「営業部員全体の底上げができず、いつまで経っても一部の"できる人間"に頼りっぱなし」という状況が続いています。

　しかし海外に視野を広げると、アマゾン、セールスフォース、マイクロソフト、ツイッター、SAPといった欧米企業では、「感覚」や「才能」など汎用性のない個人能力に依存しすぎない営業組織づくりが主流になっています。それが本書で紹介する「セールス・イネーブルメント」です。

成果を出す営業社員を
輩出し続ける人材育成の仕組み

　イネーブルメント(Enablement)とは、enable(〜ができるようにする、有効化する)という英単語の名詞形です。中学英語で「be + able + to do (〜ができる)」という熟語を習いましたが、そのableに動詞化のenを加えた単語がenable (en + able)です。

セールス・イネーブルメントには、ぴったりの日本語訳がありません。「営業組織開発」「営業人材開発」といった用語が該当しますが、enableのニュアンスや本来の目的の意味合いを反映しきれていません。

　そこで本書では、セールス・イネーブルメントは、**「成果を出す営業社員を輩出し続ける人材育成の仕組み」**という意味でご理解ください。

　イネーブルという単語のニュアンスを理解する際に重要なのは、「何かができるようになる」という場合の「何か」とは何か？です。これを明確にしないと意味合いがぼやけます。

　「営業にとっての何か」とは何か。それは、営業成果です。具体的にいうと、営業目標の達成です。突き詰めれば、営業のゴールはこれ以外にありません。セールス・イネーブルメントとは、営業社員が営業目標を達成し続けるようにするための仕組みです。

辞書では

Enablement

- enableの名詞形
- 意味
  - ✓ 〜ができるようになる
  - ✓ 有効化する
  - ✓ 使える状態にする

本書では

Sales Enablement

- 成果を出す営業社員を輩出し続ける人材育成の仕組み
- 成果起点の営業人材育成

0-1. セールス・イネーブルメントの意味

セールス・イネーブルメントが もたらす3つのメリット

セールス・イネーブルメントには、以下の3つのメリットがあります。

これまでにはないメリット		理由
① 育成のPDCAサイクルが出現する	←	営業成果を起点に営業人材開発プログラムをプランし、営業成果で効果を検証する仕組みだから
② ラーニングカルチャー（学ぶ文化）が社内に醸成される	←	学習コンテンツがハイパフォーマーのナレッジや他チームの成功事例をもとに開発され、「知の共有」を前提とするから
③ 育成の投資対効果を検証できるようになる	←	ビジネス成果に直結する仕組みだから

0-2. セールス・イネーブルメントによって起こる変化

①育成のPDCAサイクルが出現する

　セールス・イネーブルメントは「営業の成果を起点にして人材育成プログラムを計画・実行し、成果で検証する」という取り組みです。
「改善すべき営業の指標は何か（アウトプット）→そのために改善すべき行動は何か（プロセス）→そのために必要な知識・スキルは何か（インプット）→育成施策を実施してみて結果はどうだったか」ということです。
　一般的に行われている育成プログラムは、Doであるトレーニングをやって終わりというケースがほとんどで、検証、改善につながっていません。
　しかしセールス・イネーブルメントが機能すれば、**インプットとアウトプットがつながりPDCAサイクルが回る**ようになります。求めたい成果を起点とすると結果の検証が容易になり、スムーズに改善につなげることができ

るようになるのです。

②ラーニングカルチャー(学ぶ文化)が社内に醸成される

セールス・イネーブルメントで提供する学習コンテンツやツールは、**社内のハイパフォーマーの知識・経験や他のチームでうまくいった事例**をベースに体系化していきます。

組織の「知の共有」を進める過程で、成果をあげるためのノウハウが共有され、洗練されていきます。個の知見が組織知に昇華され、学習し合いながら育成プログラムを進めていきます。これにより、社内にラーニングカルチャーが醸成されるのです。

これは、ハイパフォーマー本人にとっても非常にメリットがあります。ハイパフォーマーの暗黙知が言語化され、売れる理由が本人にとっても明確になるからです。実際、私がこれまで支援してきた中でも「自分のやっていることが言語化でき、体系化されてスッキリしました。学びになりました」という反応が多数あります。

③育成の投資対効果を検証できるようになる

これも期待する営業成果を起点に育成プログラムを考えるセールス・イネーブルメントの特徴によるもので、育成に対する投資が結果的にどのくらいの成果につながったのかを検証できるようになります。

例えば、「大型商談の開拓」を営業全体で強化する必要がある場合、そのための「カスタマイズトレーニング」を外部のサポートも受けて開発・提供したとします。このとき、「カスタマイズトレーニングにかかった費用」に対していくらの「大型商談」が生み出されたか、という投資対効果が可視化されるわけです。

重要なのは、**組織として必要な「ビジネス成果」が最初にあり、そのための「育成施策」が企画・実施され、「効果」がどうだったかを検証するというサイクル**です。このサイクルが回っている企業は実は多くはありません。

このような考え方で育成施策による投資対効果を測っていくことで、これまで「トレーニングを実施して終わり」だった育成施策を、ビジネス成果と結び付けて検証できるようになります。

セールス・イネーブルメントの全体像

セールス・イネーブルメントの全体像と理解の順番をお伝えします。

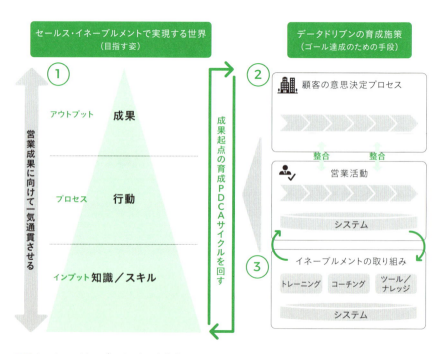

0-3.セールス・イネーブルメントの全体像

STEP① 「営業成果・行動・知識／スキル」を
　　　　一気通貫でつなげる

　図の左側の①にある三角形の部分です。セールス・イネーブルメントで実現する世界観は、「営業成果・行動・知識／スキル（いわゆる学習）」を

つないで、成果起点のPDCAサイクルが回る仕組みを社内につくることです。これまでは、多くの企業でそれぞれの階層が分断されており、施策レベルでも組織レベルでもつながっていませんでした。セールス・イネーブルメントはこれを図のように一気通貫でつなげて、営業成果を最大化する育成施策を提供することを目指します。

STEP② 顧客視点の営業プロセスを整備する

　図の右上の②の部分です。セールス・イネーブルメントは営業を支援していく取り組みですが、その前提となる営業プロセスや、その先の顧客理解が伴っていないと「的外れの育成プログラムを提供する」ことになってしまいます。そこでセールス・イネーブルメントは、育成の前提となる「営業プロセス整備」も必要に応じて支援対象にしていきます。

　具体的には、組織レベルで大きく2つのことを見直します。
　1つめは**「マーケティングと営業」をつなぐプロセス整備**。これは、見込み顧客の獲得（マーケティング）から提案受注（営業）に至る流れをつなげることです。もう1つが、**営業活動を顧客の意思決定プロセスに即して再定義する**ことです。自社視点で営業社員がどのような活動をしたか（提案書を出した、見積もりを出したなど）を管理しても受注確度は上がりません。その前提となる顧客の意思決定プロセスに自社の営業アプローチを整合させる必要があります。これらが整備されると「組織的な顧客理解の解像度」が上がります。これらの情報をもとにして、セールス・イネーブルメントは育成プログラムを提供していきます。

STEP③ セールス・イネーブルメントの仕組みを整備する

　図の右下の③の部分です。②の顧客の意思決定プロセスが前進するための育成のプログラムを提供していきます。
　ここでの育成は従来のトレーニングだけではなく、その後のスキル定着の仕組みや効率的に動くためのツールやコンテンツ提供まで含みます。
　営業生産性を上げるために、営業社員が必要としているのはトレーニングだけではありません。営業生産性という観点で視野を広げてプログラムを開発していきます。

セールス・イネーブルメントを取り入れた企業の声

営業マネージャー

弊社の営業マネージャーは、プレイングマネージャーとして営業目標を持ちつつ、メンバーの育成も期待されています。ただ、両方行うのは時間的な観点からも、スキル的な観点からもシンドイのが現実です。**セールス・イネーブルメントは営業マネージャーの「育成の右腕」としてサポートしてくれる**ので非常に助かっています。

(ITソフトウエア、30代)

弊社は、既存のビジネス領域の成長率が低迷しており、新しいサービスによる売上拡大が期待されています。これまで製品力があったのでよかったのですが、新しい領域はいわゆるソリューション型のアプローチが必要です。ただ、古い営業マネージャーはその方法論をメンバーに教えられません。**イネーブルメントチームは最新の方法論を体系化してわかりやすくトレーニングしてくれる**ので、我々マネージャーもとても助かっています。

(製造業、50代)

経営者/経営層

弊社はこれまで階層別の研修を提供してきました。毎年プログラムは拡充してきましたが、研修を実施した結果、どの程度の効果があったかが見えていませんでした。出てくるのは参加者数や満足度、テスト

の結果ばかりです。**セールス・イネーブルメントを取り入れたことで営業の成果やデータに基づいた議論ができる**ようになりました。我々経営陣が欲しかったのはこの仕組みです。

（サービス業、営業執行役員統括本部長）

セールス・イネーブルメントの話を聞いたときに、「これだ！」と思いました。実践的なプログラムだけでなくシステムも活用して育成進捗が見えるからです。会社が大きくなるにつれて社員の成長度合いを細かく見られなくなってきました。**セールス・イネーブルメントは社員の成長を可視化してくれる**のでとても助かっています。

（製造業、取締役副社長）

営業社員、新入社員

今の会社に中途入社するとき、充実したトレーニングプログラムには正直期待していませんでした。前職でもちょっとしたオリエンテーションがある程度でOJTが中心でした。しかし、この会社は手厚い3週間のオンボーディングプログラムがあるのでびっくりしました。おかげで、**入社3カ月で月間の目標が達成**できました。

（ITサービス、20代）

今の会社では新しい製品が次々に出てきます。ただ、営業活動をしながら最新情報をキャッチアップするのはとても大変です。**イネーブルメントチームには、最新の社内の営業ノウハウや情報が集約されているので、わからないときは彼らにまず聞きに行きます。**情報を探すだけでも時間がかかりますので、彼らの存在はとても貴重です。

（ITソフトウエア、30代）

人事担当者

弊社の人事部門は人数も限られるため、トレーニングは外部のプログラムを活用していました。汎用的な知識／スキルは外部サービスでいいのですが、社内からももっと実践的なプログラムが欲しいという声が以前から根強くありました。**セールス・イネーブルメントは、外部では提供できない非常に具体的な育成プログラムを提供してくれる**ので、我々がカバーしていない領域を補完してもらい助かっています。

（製造業、人事執行役員）

人事とイネーブルメントチームはとても良い協業関係を持っています。特に、マネジメント教育の領域においてですね。人事は、世の中の最新のマネジメントのフレームワークを提供しています。ただ、それが自社にぴったりとも限りません。**イネーブルメントチームは、現場の理解が深いことから、実務に即したマネジメント支援をしてくれます。**特に、新人マネージャー向けのコーチング支援はとても助かっています。

（人材サービス業、人事人材開発マネージャー）

上記は、これまでお付き合いのある企業からいただいたフィードバックの一部です。より詳しい事例については、第4章で紹介します。

はじめに

この本で伝えたい3つのこと

　本書を手に取っていただき、ありがとうございます。株式会社Xpotential代表取締役社長の山下貴宏と申します。

　私は2019年6月まで株式会社セールスフォース・ドットコムに在籍し、長年セールス・イネーブルメント部門の部門長を務めていました。

　セールスフォース・ドットコムはCRM（顧客管理）、SFA（営業支援）プラットフォームを提供する世界ナンバー1の企業であり、グローバルでも日本でも急成長を続けています。新しい社員が毎月のように入社し、新製品も次々に投入され、会社全体で高いストレッチ目標を掲げる中、私も微力ながら、「人材育成」という観点で企業成長のお手伝いができたのではないかと思っています。

　セールス・イネーブルメントは、日本ではまだなじみが薄い概念です。詳しくはこのあと説明しますが、まずは簡潔に**「成果を出す営業社員を輩出し続ける人材育成の仕組み」**と考えてください。

　セールス・イネーブルメントとはどういうものか、どのように導入すればいいのか、たくさんの方に知っていただきたいと思い、本書を執筆しました。

　この本を通じて実現したいことは3つあります。

1	2	3
人材開発における新たな視点を提供する	セールス・イネーブルメントを導入する企業を増やす	1人でも多く成功する営業を増やす

0-4. 本書で実現したい3つのこと

① 人材開発における新たな視点を提供する

　一般的には「育成＝研修をやって終わり」というイメージが強く、研修に偏りすぎている部分があります。

　育成の本来の目的は何か。それは「ビジネスの成果」を出すことです。ならば、組織として求める成果を起点にした育成サイクルを構築し、データを使ってそのサイクルを回していく具体的な流れをつくる必要があります。**育成は研修で終わりなのではなく、ビジネスに直結する継続的・戦略的な取り組みである**ことをお伝えしたいと思います。

② セールス・イネーブルメントを取り入れる企業を増やす

　第1章の調査データが示すように、**欧米ではセールス・イネーブルメントに取り組んでいる企業の営業成果は向上**しています。

　営業成果を構成する要素はさまざまありますが、セールス・イネーブルメントは経営において必要不可欠な機能になるでしょう。

　本書では、セールス・イネーブルメントの全体像、プログラムイメージ、進め方の順番などをお伝えします。その有効性を理解し、ぜひ自社に合ったセールス・イネーブルメント導入のヒントを得ていただきたいと思います。

③ 1人でも多く成功する営業を増やす

　本来は営業の仕事は楽しいものです。顧客の問題解決に貢献できる、やりがいのある仕事です。自分の扱う商品が好きであれば、さらに楽しさが増すでしょう。

　しかし、営業職としての楽しさを知る前に袋小路にはまり込んでしまうケースは少なくありません。実際、私もそうでした。

　最初に辛い経験をすると単に数字に追われる仕事に思えてきますが、**営業職は非常に魅力的な仕事である**ということを伝えていきます。

　試行錯誤は必要ですが、迷う時間を最小化して成功を積み、自信を持ち仕事を楽しめる営業が1人でも多く育つことを願っています。

セールス・イネーブルメントに出合うまでの道のり

　現在に至る私の経歴を簡単にお話しします。セールス・イネーブルメントに関わりたくてキャリアを積んできたわけではなく、気がついたらセールス・イネーブルメントにつながっていたというのが正直なところです。

　大学を卒業後、私は新卒で日本ヒューレット・パッカード(HP)という外資系IT企業に就職しました。サーバーやストレージなど企業向けのITソリューションを提供する会社です。在籍期間中に、法人向けの直販営業、パートナー営業、製品営業など一通りの営業経験を積むことができました。のちほど説明しますが、セールス・イネーブルメントの原体験はここで得ることになります。

　その後、船井総合研究所というコンサルティング会社に転職しました。HPでITの提案をしていましたが、経営とITの間に距離を感じていたため、より経営に近い視点を得たいと考えました。船井総研は、中小・中堅企業を対象としたコンサルティングを得意とする会社で、私は戦略コンサルティンググループに所属し、中堅・大手のマーケティング戦略、営業戦略策定などのプロジェクトに従事しました。
　プロジェクトはどれも非常に楽しくやりがいのあるものばかりでしたが、さらにコンサルタントとしての専門性を広げたい、グローバルな案件にも携わりたいと考え、ステップアップのために転職を決めました。

　次にお世話になったのが、外資系の組織・人事コンサルティング会社のマーサージャパンです。大手企業の人事制度設計、事業再生に伴う人事制度の再構築、M&A時に生じる人事制度統合のための人事デューデリジェンスなど、いわゆる組織、人事に関わる幅広いプロジェクトに従事しました。
　加えて、私のバックグラウンドが営業ですので、営業強化のプロジェクトにも関わりました。ここでのプロジェクト経験が次のセールスフォースにつ

ながります。

　マーサーでの営業強化プロジェクトを通じて、クライアントで実際に営業の動きが変わるという、目に見える形で成果を出すことにとてもやりがいを感じ、この領域をもっと極めたいと思いました。
　加えて、「営業強化の型」が世間一般的にも十分確立されていませんでしたので、実務で通用し、汎用化できる型を確立してそれを事業会社で証明したいという想いから、セールスフォース・ドットコムに転職しました。2012年のことです。このとき、本書で紹介するセールス・イネーブルメントの体系があったわけではありません。

　セールスフォースに転職した理由はシンプルです。「営業強化ツール（SFA）を売る世界ナンバー1の会社において、社内の営業強化の体系を確立できればそれに勝るものはない」と考えたからです。営業強化の仕組みを売る会社の営業強化ですから、これ以上チャレンジできる環境はありません。

　私が入社したときは、セールス・イネーブルメントという言葉はありませんでした。当時はセールス・プロダクティビティ（Sales Productivity）と呼ばれていた、営業の生産性を上げることを専任とする部隊の一担当マネージャーとして入社しました。

　ちなみに、海外では、営業生産性を上げる部門名についていくつかの呼び方があります。「Sales Productivity」「Sales Readiness」「Sales Talent Development」「Sales Enablement」などです。
　微妙にニュアンスが違うのですが、セールスフォースでも「Sales Talent Development」以外は、似たような部門名を全て経験しました。

　話を戻すと、2014年からは部門長として急速なビジネス成長を支えるセールス・イネーブルメントの基盤構築を進め、営業組織全体をカバーするセールス・イネーブルメントの「型」ができたと思っています。

セールス・イネーブルメントの基盤を構築し運用するには、「営業の領域×人材開発の領域×ITの領域」の知識・経験が必要ですが、幸運にも私の場合は結果的に過去の経験から全てを一定程度持ち合わせており、世の中の潮流とも相まってセールスフォースでプログラム体系を構築できたのだと考えています。

「自分は営業に向いていない」と思った理由

　今でこそセールス・イネーブルメントという営業プロフェッショナルを支援する仕事をしていますが、もともと営業が自分に向いていると思ってはいませんでした。
　セールス・イネーブルメントを世の中に広めたいという想いの原点は、新卒で入社したHP時代の経験にあります。

　HPは優秀な人が多く、育成に関しても熱心な会社でした。
　私の営業成績といえば、ハイパフォーマーではなく、良いときもあれば悪いときもあるというよくいるタイプの営業でした。

　当時の私の悩みは、「BtoBのシステム営業というのはプロセスが非常に複雑で、お客様の社内に巻き込まないといけない関係者が多く、難易度が高い」ということ。
　そして、**「売れたときも売れないときもなぜそうなるのかがよく理解できていない」**ということでした。他のメンバーで成果をあげている人を見ても、なぜ売れたのかということが具体的に見えてこないのです。
　逆も然りでした。つまり、**自分の中に営業成果につながる再現性の枠組みがなかった**のです。見通しが立てられればいいのですが、それもありませんでした。
　このような状態なので、売れるときもあれば売れないときもある、そしてそれが「非常に心地悪い」わけです。

「心地悪さ」はもう1つありました。

　自分が売っているシステムが顧客の経営にどうつながっているのか、顧客のビジネスにどう影響するのかがよくわからなかったのです。今思えば、新卒1～2年目でそれが理解できれば誰も苦労しないわけですが、そこがどうにも見えない。

　このようにして「売り方の心地悪さ」と「売りモノの心地悪さ」から「自分は営業という仕事にフィットしないのではないか」と考えるようになり、解決のヒントを求めて転職することを決めました。

営業に特化した体系的なプログラムが必要

　HPで「営業の売れる／売れないの"なぜ"」という大きな疑問を残したままコンサルティング会社に転職したわけですが、転職後さまざまな会社の実情を知るにつけ、どの会社でも状況はそれほど変わらず、多くの営業が悩んでいるという現実が見えてきました。

　会社が営業に提供するトレーニングは、製品や機能中心で、例えば「こんな機能が追加されました」という周知のための突発的なトレーニングが多く、体系化されたものはまずありません。また、外部のトレーニングは一般論的な内容が多く実務性に欠けています。

　つまり、
・自分の業務にどう展開すればいいかを知りたい
・どうすればコンスタントに営業成果が出せるかを具体的に知りたい
　と思っている営業のニーズに応えるものではないのです。

　そして、営業に特化したトレーニングを整備している会社はほとんどないということにも気づきました。
　詳しくは第1章で説明しますが、トレーニングや育成のために企業が実

施していることは、新入社員研修、そして昇進昇格の際の階層別の研修がほとんどです。これらは人事が提供しています。

トレーニング方法は、圧倒的にOJTです。
もちろん、現場で慣れるというのはとても重要なことですが、OJTに頼っているとマネージャーの力量次第になってしまい、どうしても成果のバラつきが生じてしまいます。

どの会社も営業の数字を上げることに注力しているはずなのに、そのために営業に特化した体系的なトレーニングを提供する会社は少ないというのが現実です。逆にいうと、ここを是正すれば、営業の生産性は大きく上がるでしょう。

セールス・イネーブルメントは近年着目されているテーマです。よくあるIT業界のバズワードではなく、組織・人材開発のアプローチと考えていただくのが実態に近いと思います。

現時点でセールス・イネーブルメントについて実務的な観点からまとめられた書籍は日本には存在しません。
そこで本書では、セールス・イネーブルメントに取り組みたいと考える企業が、何をどのような手順で進めればいいのか、それを進めるうえで前提として整備すべきことが何なのか、について解説していきます。

本書の構成

本書の構成は以下のとおりです。

第1章「なぜ営業組織にセールス・イネーブルメントが求められるのか」
日本と欧米の営業人材育成の現状を比較します。営業の人材育成を進めるうえで、解決すべき課題の構造がどのようになっているのかについて

理解し、セールス・イネーブルメントがなぜ必要とされるのかを見ていきます。

第2章「顧客視点で営業プロセスを見直し、マーケティング部との溝を埋める」

営業成果を最大化するうえで重要なテーマである「営業プロセスの見直し」について考えます。育成の前提は、最適化された営業プロセスが前提にあって初めて成立します。ここでは、大きなテーマである「マーケティングと営業の溝の埋め方」「営業プロセスの再定義」について考えます。

第3章「セールス・イネーブルメントの構築法」

本書のメインとなる内容です。セールス・イネーブルメントの仕組みを構築するうえでのプログラムの内容や進め方、組織配置やKPIについて見ていきます。

第4章「イネーブルメント取組事例」

実際にセールス・イネーブルメントに取り組む3社(Sansan、NTTコミュニケーションズ、セールスフォース・ドットコム)の事例を見ていきます。これらの企業事例が書籍として掲載されるのは初めてです。筆者の解説も交えながら、セールス・イネーブルメントに取り組む際のポイントが何かを見ていきます。

セールス・イネーブルメント
世界最先端の営業組織の作り方

目次

筋肉質な営業組織をつくる手法
「セールス・イネーブルメント」とは ―――――――――――― 004
成果を出す営業社員を輩出し続ける人材育成の仕組み ―――― 004
セールス・イネーブルメントがもたらす3つのメリット ―――― 006
セールス・イネーブルメントの全体像 ―――――――――――― 008
セールス・イネーブルメントを取り入れた企業の声 ――――― 010

はじめに ―――――――――――――――――――――――― 013

この本で伝えたい3つのこと ―――――――――――――――― 013
セールス・イネーブルメントに出合うまでの道のり ――――― 015
「自分は営業に向いていない」と思った理由 ―――――――――― 017
営業に特化した体系的なプログラムが必要 ―――――――――― 018
本書の構成 ――――――――――――――――――――――― 019

第1章 なぜ営業組織にセールス・イネーブルメントが求められるのか

日本と欧米の営業人材育成の現状 ―――――――――――――― 030

01 日本の人材育成と営業教育の位置付け ――――――――― 031

営業教育の優先順位 ――――――――――――――――――― 038

日本の人材育成と営業教育の位置付け (まとめ) ―― 039

02 欧米で注目されるイネーブルメントの動向 ―― 040

イネーブルメントの言葉の定義 ―― 040
20年の歴史を持つイネーブルメント ―― 042
欧米企業におけるイネーブルメントの現状 ―― 043
欧米企業におけるイネーブルメントの現状 (まとめ) ―― 047
日本と欧米の営業人材育成の違い ―― 048

03 成果起点で考える育成のフレームワーク ―― 049

そもそも人材育成の目的は？ ―― 049

04 本質的に取り組むべき課題の所在 ―― 052

「ミクロ視点」 ―― 052
「マクロ視点」 ―― 055

05 イネーブルメントの必要性 ―― 058

06 イネーブルメントにまつわる情報整理 ―― 060

人事とイネーブルメントによる育成スコープの違い ―― 060
イネーブルメントであるもの／ないもの ―― 062

顧客視点で営業プロセスを見直し、マーケティング部との溝を埋める 第2章

営業成果に必要なもう1つの重要テーマ ——— 066

01 顧客視点での営業プロセス設計 ——— 067

自社視点 vs 顧客視点 ——— 067
イネーブルメントにとっての「営業プロセス管理」の意味 ——— 072

02 マーケティングと営業の溝 ——— 074

見込み客がマーケティングと営業の間でこぼれ落ちる ——— 075
マーケティングと営業の間の溝を埋める方法 ——— 076
「インサイドセールス & システム」の組み合わせ ——— 079
案件創出の別アプローチ：新規ビジネス開発チーム ——— 079
イネーブルメントにとっての
「マーケティングと営業の連携」の意味 ——— 081
「顧客視点の営業プロセス」まとめ ——— 082

03 最適化された営業プロセスを支えるイネーブルメント ——— 084

セールス・イネーブルメントの構築法

第3章

イネーブルメントの構築法の全体像	088
旧来の営業人材育成のおさらい	090
成果が出るまでのステップ	091
イネーブルメントプログラムの4つの柱	093
育成をスケールさせる3要素	094
イネーブルメントで使うコンテンツのつくり方	098
イネーブルメントの循環サイクル	100
ハイパフォーマーはイネーブルメントに協力するのか？	101
ラーニングカルチャーの醸成	103
イネーブルメントプログラムの具体例	105
グループコーチングでマネージャーをフォロー	111
育成テーマに応じて、コーチ役を変える	112
イネーブルメントツール／ナレッジ	113
ツール／ナレッジ提供におけるイネーブルメントチームの価値	114
ツール／ナレッジ化の例	115
イネーブルメント構築の手順	118
イネーブルメント構築の5フェーズ	119
フェーズ1 営業データの収集と整備	120
フェーズ2 兼任または専任人材のアサイン	123
フェーズ3 プログラムの開発と提供	126

フェーズ4	イネーブルメントデータの蓄積と営業成果による検証 ——129
フェーズ5	経営層とのイネーブルメント結果
	レビューサイクルの確立 ——130

企業規模別の進め方 ——132
イネーブルメントに当てる人的リソースと組織の配置場所 ——138
イネーブルメント組織をどの部門に配置するか ——140
イネーブルメントチームのKPI（評価指標） ——142
「イネーブルメント進捗マップ」で自社の位置を確認 ——144

セールス・イネーブルメントの取組事例 第4章

事例 01 Sansan ——148

積極採用で営業人員は半年で倍増し、110名に ——148
成長を支える基盤づくりの一環としてスタート ——149
現状を可視化するためにSFAから始める ——150
入社後1カ月間に及ぶオンボーディングフェーズのプログラム ——151
重複なく、漏れなく、商品特性を考えてプログラムを内製 ——153
新入営業の立ち上がりの早さ、生産性向上への効果は大 ——153
KPIの柱はオンボーディングの数字で営業と共通 ——155
戦略をもとにしたサイクルがスムーズに回せるようになった ——155
イネーブルメントチームのメンバーの人選はけっこう難しい ——156

組織拡大に対応した改善と既存営業への施策の充実 ——— 157

事例 02 NTTコミュニケーションズ ——— 158

兼務によるヴァーチャルチームで1年半の助走期間 ——— 158
複雑化した商材に対応した営業のスタイルチェンジが必要に ——— 160
営業フロントにSales Techを浸透させるための橋渡し役 ——— 163
実務的で、みんなが楽しめる企画として
シェアリングサクセスから始める ——— 166
営業戦略上の必要性と営業現場のニーズの高さで決める ——— 168
営業現場の反応も次第に変化 ——— 169
受注率を最も注視 ——— 170
ナレッジの共有スピードが速まり、学習意欲が増大 ——— 170
既存組織との役割分担の交通整理に時間がかかる ——— 171
現場を知っていること、視野が広いことは必須 ——— 172
営業推進機能の最大化を目指す ——— 172

事例 03 セールスフォース・ドットコム ——— 174

分業体制で営業組織を構成し、営業生産性をアップ ——— 174
中途採用者の立ち上げを加速するためのブートキャンプが発端 ——— 175
新入社員、営業チーム別はもちろん、
顧客や学生に向けた取り組みも ——— 176
経営層の期待値は大きく5つ ——— 178
イネーブルメント担当者を決め、
経営トップがオーソライズする必要がある ——— 179
現場に入り込んで、臨機応変にテーマを拾い上げる ——— 181
営業達成率の中央値、案件単価など。
メンバーはV2MOMによって評価 ——— 182

ビジネスパーソンとしての土台づくり、コアバリューの体現 ——— 183
営業経験がある人もない人も、それぞれのハードルがある ——— 183
「人の成長に興味があること」はイネーブルメントメンバーに必須 ——— 184
イネーブルメントが市民権を得られるように発信を強める ——— 185

事例企業3社についての解説 ——— 186

Sansan ——— 186
NTTコミュニケーションズ ——— 189
セールスフォース・ドットコム ——— 193
3社比較と共通点 ——— 197
イネーブルメントの人材要件 ——— 199

おわりに ——— 202

セールス・イネーブルメントの「その先」 ——— 202

ブックデザイン	三森健太（JUNGLE）
DTP	野中賢（株式会社システムタンク）
図版	荒井雅美（トモエキコウ）
編集協力	堀切孝治
制作協力	落合絵美

第1章

なぜ営業組織に
セールス・イネーブルメントが
求められるのか

日本と欧米の営業人材育成の現状

本章では、セールス・イネーブルメント(以下、イネーブルメント)が目指す「成果起点の育成フレームワーク」とは何かについて見ていきます。

最初に、日本と欧米の営業人材育成の現状について比較し、「営業組織が本質的に取り組むべき課題は何か」について考えます。

日本については、営業人材育成に特化した調査データがないため、複数の人材育成の調査結果から類推します。

欧米については、いくつかのデータを引用しイネーブルメントの動向について触れていきます。

いずれも、調査データの詳細な解説というよりも、ポイントが何かについて説明していきます。

調査データを見たうえで特にご理解いただきたいのが、**「人材育成に関わる課題の構造」**です。

「良いトレーニングを提供すれば万事OK」というわけではありません。いくら良いトレーニングを企画しても「課題の構造」を理解していなければ成果につながらないからです。ぜひ「自分の会社には何が当てはまるだろうか?」という視点で読んでください。

第1章の流れ

1. 日本の人材育成と営業教育の位置付け
2. 欧米で注目されるイネーブルメントの動向
3. 成果起点で考える育成のフレームワーク
4. 本質的に取り組むべき課題の所在
5. イネーブルメントの必要性
6. イネーブルメントにまつわる情報整理

01 日本の人材育成と営業教育の位置付け

では、1つめの「日本の人材育成と営業教育の位置付け」から始めましょう。複数のデータから日本の人材育成の現状について整理します。

次の7つの観点から複数の調査結果をもとに俯瞰して見てみましょう。細かいデータに着目するというよりも、<mark>「概観すると日本の人材育成の実態はどうなっているのか」</mark>という視点で見てください。

1-1. 日本の人材育成の現状把握の観点

① 育成内容（何を?）

企業が提供している育成内容は何か、どんな研修を提供しているのか、その力点はどこにあるのか。

② 育成主体（誰が?）

育成は誰がやっているのか。

③ 育成方法（どのように?）

どのような方法、手段を使って育成しているのか。

④ 育成投資（いくら?）

育成に従業員1人当たりいくらくらいかけているのか。

⑤ 学習時間（何時間?）

研修に年間どのくらいの時間をかけているのか。

⑥ 効果検証（指標は?）

育成を行った結果に対して、効果検証はどうしているのか。

⑦ 課題感（何に困っている?）

育成に関してどんな課題を感じているのか。

では、1つずつ見ていきましょう。

① 育成プログラムで何を提供しているか

2つのデータを紹介します。ここで注目すべき点は以下です。

・**企業が提供している研修内容は「新入社員研修」が最も多い**

「日本の人事部 人事白書2017」（株式会社アイ・キュー）によると、企業が研修の中で注力した研修としては**「新入社員研修」がトップで53.2%**。2番目の「ミドルマネージャー（課長クラス）研修」に10ポイント以上差をつけています。新卒社員や中途社員に対する研修にどの企業も力を入れているということがわかります。

もう1つは「人材育成と能力開発の現状と課題に関する調査結果2017年8月」（独立行政法人労働政策研究・研修機構）で、平成27年において実施した**OFF-JTの内容として一番多いのは、「仕事をするうえでの基本的な心構えやビジネスの基礎知識を習得する研修」が44.8%と最も高い数値**となっています。これも要は新入社員に対する研修です。

新卒を中心に毎年新入社員を採用している企業にとっては想像できる結果だといえるでしょう。数十人、数百人単位で採用する場合は相当の育成リソースを割くことになりますので、育成プログラムのトップにくるのは当然かもしれません。

② 育成主体は誰か

次は、「誰が育成をしているのか」についてです。こちらに関しては1つのデータを示します。ここで注目すべき点は以下です。

・育成主体は、外部に委託するよりも内部で賄っている企業が多い

これは「人材育成と能力開発の現状と課題に関する調査結果　2017年8月」（独立行政法人労働政策研究・研修機構）のデータで、教育訓練の実施主体について企業側と労働者側に聞いたものです。
調査では、教育訓練の実施主体について「外部委託・アウトソーシング」か「社内」のどちらが多いかを聞いています。

企業側の回答として多かったものは、59.8％で「社内」での実施でした。労働者側の回答として多かったものも、57.9％で「社内」での実施でした。この数値は「親会社やグループ会社」による実施を入れると合計で**「72.7％」**になります。

育成主体を外部にアウトソースするのではなく、自社で実施している企業が多いことがわかります。

③ どんな育成方法をとっているのか

次に育成方法についてです。こちらも2つのデータを見ます。ここで注目すべき点は以下です。

・実践させ、経験させること、つまりOJTがほとんどである

「日本の人事部 人事白書2018」（株式会社アイ・キュー）には、「人材育成に必要な施策」についての調査結果がまとめられています。ここで**断トツのトップは「OJT」で81.6%**です。2番目が「社内／社外講師による研修」69.1%で10ポイント以上の差をつけています。

もう1つ「人材育成と能力開発の現状と課題に関する調査結果　2017年8月」（独立行政法人労働政策研究・研修機構）によると、「仕事を覚えてもらうための取組み」の調査で一番多かったものは**「とにかく実践させ、経験させる」59.5%**でした。ちなみに2番目は「仕事のやり方を実際に見せている」55.2%で、より現場での経験を重視した取り組みになっています。

この結果も、**トレーニングで学んだだけで身になるわけではなく、実践を通じて学習していく**という、日頃多くのビジネスパーソンが実感していることと違和感のない結果だといえるでしょう。

④ 育成にいくら投資しているのか

それでは、次に日本の企業は育成にどれだけのお金を投資しているのかについて見てみましょう。こちらも2つのデータを示します。
ここで注目すべき点は以下です。

・**年間育成投資額は1人当たり3万〜5万円程度**

「2018年度　教育研修費用の実態調査」（産労総合研究所）によると、従業員1人当たりの教育研修費用は、2017年度実績が3万8752円、2018年度予算額が4万7138円となっています。

「Works人材マネジメント調査2017　基本報告書」（リクルートワークス研究所）では、**年間教育投資額が1人当たり3万円以下の会社が全体の25%、3万〜6万円が17%、両者を合わせると43%**になります。

無回答（おそらく金額を集計していない企業）が34%ですので、投資範囲としては6万円以内がマジョリティでしょう。

上記のデータから見ると、従業員1人当たりの年間の育成投資金額は3万〜5万円前後といえそうです。

　これらの調査対象には大手から中小まで幅広く含まれますが、この金額感を見て、「意外と多いな」もしくは「少ないな」と感じた方もいるでしょう。
　企業としては「少ない投資コストで最大のビジネス成果」を出す必要がありますので、金額が多ければいいというわけでもありません。「成果を出すにあたり、必要十分な育成投資がされているか」という観点での検証が必要です。

⑤ 年間の学習時間は何時間か

　次に年間の学習時間について見てみます。こちらは1つのデータを紹介します。ここで注目すべき点は以下です。

・**学習時間は、年間10時間未満が過半数**

　「人材育成と能力開発の現状と課題に関する調査結果　2017年8月」（独立行政法人労働政策研究・研修機構）によると、平成27年度の**OFF-JTの受講時間は「5時間未満」が26.5%、「5時間以上10時間未満」が25.7%**で両者を合わせると5割を超えます。

　これはOFF-JT、つまり業務外のトレーニングに関するデータですので、OJTを教育機会とすると本来的な学習時間は増えますが、10時間未満ということは、例えば1日の業務時間に加えて半日研修が年1回ある程度、ということになります。

⑥　効果検証はできているか

　次に、育成の効果検証の現状について見てみましょう。ここでは1つのデータを紹介します。ここで注目すべき点は以下です。

・**効果検証を行っている企業は3割以下**

「日本の人事部 人事白書2018」（株式会社アイ・キュー）によると、==人材育成の効果検証を「行っている」と答えた企業は27.5%で3割にも至りません。==「行っていない」と答えた企業が62.7%にのぼり6割以上の企業が効果検証できていないのが実情です。

これまで多くの企業と意見交換してきましたが、育成の効果検証の多くはトレーニング後の「アンケート結果」です。アンケート結果の良し悪しを効果検証と位置付けています。他にはテスト結果などの確認です。
しかし、本当にこれが効果検証なのでしょうか。
アンケート結果を効果検証とすると、「トレーニングが良かったかどうか」が目的化してしまいます。
そして、多くの育成担当者が経営層から次のような質問を投げかけられて悩みます。

・トレーニングが良かったのはわかった。で、これがビジネスにどう効果があったかを教えてほしい
・営業の貴重な時間を費やしてトレーニングをしたわけだから、その効果がどの程度であったかを示してほしい

すると、育成担当者は回答を持ち合わせていないため愕然とします。回答できたとしても営業現場からの定性的な評価になります。
この事象が多くの企業で起こっています。

詳しくは本書の後半で述べますが、育成の効果指標（KPI）を変えていく必要があります。本書を通じて成果につながる育成プログラムの作り方と定量的な効果測定の考え方を示していきたいと思います。

⑦ 人材育成プログラムを実施するうえでの課題

企業側の視点に立った場合に育成施策を実施する際の課題感はどこにあるのでしょうか。ここでは2つのデータを紹介します。
ここで注目すべき点は以下です。

・人材育成をしたいと思ってはいるが、それを担える人材が少ない

「人材育成と能力開発の現状と課題に関する調査結果　2017年8月」（独立行政法人労働政策研究・研修機構）によると、「人材育成・能力開発における現在の課題」に対して最も多かった回答は**「指導する人材が不足している」**の33.2%でした。

「中小企業の『生産性向上』の要素とその『課題』について　2016年11月28日」（経済産業省中小企業庁）を見ると、「人材育成の現状」について**「中核人材の指導・育成を行う能力のある社員がいない、もしくは不足している」**と回答した企業が最も多く42%でした。

　育成の重要性は理解しつつも、それを実行できる人材自体が不足しているという実態が見えてきます。

営業教育の優先順位

　ここまで、「日本企業の人材育成」について7つの観点で見てきました。
　続いて、日本企業の人材育成の中で営業教育の優先順位がどの程度かについても見ていきましょう。ここでは2つのデータを紹介します。
　ここでのキーポイントは以下です。

・営業社員に向けた研修や教育は、優先順位としては中ほどの位置

　「日本の人事部 人事白書2017」（株式会社アイ・キュー）で「研修の中で注力した研修」についての調査があります。新入社員教育の優先度が高い(53.2%)というのは先ほど見たとおりですが、**「営業・販売研修」は6.9%と大きく優先度が下がります。**

　「2018年度　教育研修費用の実態調査」（産労総合研究所）では、「職種・目的別研修」の調査の中で**「営業社員・販売社員教育」は36.7%で、トップの「OJT指導員教育」47.5%に対して10ポイント以上の差がある**状況です。

　このデータも企業全体の傾向値であり、営業会社の場合は営業向けトレーニングの優先順位は上がるでしょう。
　しかし全体を通じて見ると、優先順位としては「中ほどの位置」にあるということがわかります。

日本の人材育成と
営業教育の位置付け(まとめ)

さて、7つの観点＋1で見てきた日本の人材育成と営業教育の位置付けを整理すると、次のようになります。

- 会社がやっている育成内容は新入社員研修がメインで、営業向けの優先順位はそれほど高くない
- 育成主体はできる限り自社で賄い、育成方法はOJTが中心
- 従業員1人当たりの育成投資金額は年間3万〜5万円程度、学習時間は年間10時間未満の会社が過半数
- 育成・研修をいろいろとしてはいるが、効果検証は十分にできておらず、やったとしてもアンケートや確認テスト程度
- 育成を担う人材の不足という課題を感じている

1	育成内容(何を?)	・新入社員研修がメイン ・営業向けは中程度(もちろん会社による)
2	育成主体(誰が?)	・外部ではなく自社主導
3	育成方法(どのように?)	・OJT中心
4	育成投資(いくら?)	・1人当たり年間3万〜5万円程度
5	学習時間(何時間?)	・年間10時間未満
6	効果検証(指標は?)	・実施していない会社が6割以上 (アンケートやテストが一般的)
7	課題感(何に困っている?)	・育成を担う人材の不足

1-2.日本の人材育成現状(まとめ)

この結果を見て、私が特に重要な問題と感じるのが**「効果検証」**です。先にも述べたとおり、多くの企業が育成の効果検証に悩んでいます。育成の効果検証が研修の満足度確認に偏っており、「トレーニング自体が目的化」している傾向にあります。

営業育成においては、効果検証のKPIをビジネスの指標と連動させる必要があります。「育成の結果、営業の成果にどの程度結びついたか」を見なければなりません。

02 欧米で注目される イネーブルメントの動向

ここからは欧米における営業人材育成、つまりイネーブルメントの取り組み、特に発祥の地であるアメリカでどのように発展し、現在どうなっているのかを紹介します。その後、従来の人事が行う育成とイネーブルメントによる育成の違いについて説明していきます。

イネーブルメントの言葉の定義

「はじめに」でもお話ししたように、イネーブルメントを平易な日本語で表現すると**「成果を出す営業社員を輩出し続ける人材育成の仕組み」**となります。この本ではそのような意味合いでイネーブルメントという言葉を使っています。

一方、アメリカのいろいろな調査会社がイネーブルメントを定義しています。代表的なForrester（フォレスター）社、IDC社、ミラーハイマン・グループ社のCSO Insightsのレポートにある定義を見てみると、言わんとしていることが少しずつ違っています。

イネーブルメントの目的として、フォレスター社は「顧客担当社員が一貫

して価値ある会話ができるようにして、結果的に営業の投資対効果をあげること」だと説明しています。

一方、IDC社は「特定の商談を前に進めるための準備」、CSO Insightsは「営業の成果と生産性を上げるための仕組み」だと定義しています。

最終的に営業の売り上げ、投資対効果を上げる仕組みであるということは共通しており、大きな方向性は一緒なのですが、微妙にその領域、範囲が異なります。

その理由は、営業の売り上げや生産性を上げることは、さまざまな要素が絡んでいて複雑で、単純化しにくいからです。

また、イネーブルメントの対象範囲をどこまでと考えているのかが、各社で異なっていることが影響しているかもしれません。

現在のところ、イネーブルメントについて確固たる定義があるわけではないという状況です。

Forrester社

"Sales enablement is a strategic, ongoing process that equips all client-facing employees with the ability to consistently and systematically have a valuable conversation with the right set of customer stakeholders at each stage of the customer's problem-solving life cycle to optimize the return of investment of the selling system."

Scott Santucci, Forrester, Sales Enablement Defined, August 4, 2010

IDC社

"Sales enablement is "putting the right information into the hands of the right sales professional at the right time, in the right place, and in the right format to move a specific sales opportunity forward."

Thomas Barrieau, IDC, What Is Sales Enablement, 2016

CSO Insights

"Sales Force Enablement: A strategic, cross-functional discipline designed to increase sales results and productivity by providing integrated content, training, and coaching services for salespeople and frontline sales managers along the entire customer's journey, powered by technology.

CSO Insights, Sales Enablement Optimization Study, 2016

1-3. 海外のイネーブルメント定義（例）

20年の歴史を持つ
イネーブルメント

　アメリカではいつからイネーブルメントが注目され始めたのでしょうか。業界では、イネーブルメントのオフィシャルな起源は2010年だといわれています。先ほどのフォレスター社がレポートでイネーブルメントの定義を公にしたのがこの年だからです。

　ただ、企業の間では実はもう少し前からキーワードとして使われていました。2004～2007年に、IBMやノーテルといったいわゆるグローバル企業のセールスに関わるエグゼクティブの社内文書の中で使われるようになったといわれています。さらにもう少し前の1998年、「salesenablement.com」というドメインが登録され、いろいろな情報発信がされ始めます。このWebページには、今でもさまざまなオピニオンリーダーの記事が投稿されています。

セールス・イネーブルメントという言葉が公に使われ始めたのは約10年前。
企業の間ではさらにその10年前から使われていた。

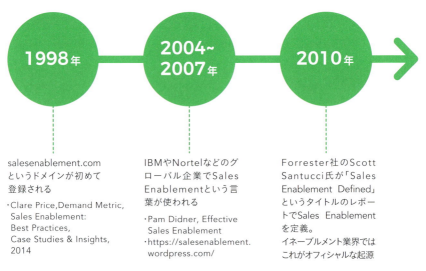

1-4. 海外のイネーブルメントの始まり

欧米企業における
イネーブルメントの現状

　では、イネーブルメントの欧米企業での広がりについて、次の6つの観点からいくつかのデータを使って紹介します。

①イネーブルメント導入企業数推移：イネーブルメントを取り入れる企業割合の推移
②人材マーケット推移：イネーブルメントに関わるプロフェッショナル人材数の推移
③営業成果への貢献：イネーブルメントの導入が営業達成率に与える影響力
④提供プログラム：イネーブルメントで会社は何を提供しているのか。
⑤イネーブルメントのKPI：イネーブルメントの効果検証にどんな指標を使っているのか
⑥育成投資金額：営業のトレーニングに年間いくらかけているのか

　先ほどの日本の人材育成の現状整理と同様、**「概観すると欧米のイネーブルメントの現状はどうなっているのか？」**という視点で見てください。

1-5.欧米のイネーブルメントの動向把握の観点

①イネーブルメント導入企業数推移

　まず、どのくらいの企業がイネーブルメントに取り組んでいるのかについて見てみます。1つのデータを紹介します。

ここで注目すべき点は以下です。

・イネーブルメント取り組み企業の割合は6割以上

「CSO Insights: The 2018 Sales Enablement Report」では、企業がイネーブルメント専門組織や専門プログラムを提供している割合を調査しています。これによると、2018年時点で**調査対象企業のうち61%がイネーブルメント専門組織またはプログラムを設けている**と回答しています。2016年時点で32.7%だったことを考えると、その比率は毎年増加傾向にあります。

企業規模別に見ると、年商5100万ドル以上の企業規模になるとイネーブルメントの導入率が71.6%と高くなります。ただし、それ以下の中堅規模でも30%前後で導入しており、企業規模に関わらずイネーブルメントに取り組む企業が増えているようです。

②人材マーケット推移

次に、イネーブルメントの人材マーケットについてです。
ここで注目すべき点は以下です。

・2016〜2019年の3年余りの間にイネーブルメントに関わるグローバルでの人材の数が3倍、1万人規模に

ビジネスに特化したSNSのLinkedInで職業をイネーブルメントというタイトルにしている人数をカウントしているサイトがあります。

https://salesenablement.wordpress.com/

これによると、「**2016年1月時点3516人→2019年10月時点1万10人**」と右肩上がりで増えており、イネーブルメントを専門に仕事をしている人の数が急激に増加していることがわかります。

近年、日本でもイネーブルメントに取り組む企業が増えているため、合わせて人材マーケットも拡大していくと予想されます。

③営業成果への貢献

イネーブルメントの営業成果への貢献に関して見てみましょう。
ここで注目すべき点は以下です。

・**イネーブルメント専門組織を持つ企業は、営業予算達成率、成約率ともに高い**

「CSO Insights: The 2018 Sales Enablement Report」によると、営業予算達成率と営業成約率について、イネーブルメント専門組織のある会社とない会社の数値を比べています。

営業予算達成率については、イネーブルメント専門組織がない会社の数値が46.7％なのに対して、イネーブルメント専門組織がある会社は57.3％と大幅に上回っています。

営業成約率についても、45.5％に対して52.1％とイネーブルメント専門組織がある会社の数値のほうが明らかに高くなっています。
イネーブルメント専門組織を持って取り組むことが営業成果に結びついていることがわかります。

④提供プログラム

イネーブルメントで会社はどんなプログラムを提供しているのかを見てみましょう。ここで注目すべき点は以下です。

・**営業現場向けには、トレーニング、ツール、コンテンツ、コーチングを主に提供**
・**営業マネージャー向けには、データ分析やマネージャーコーチングスキルアップを提供**

「CSO Insights: The 2018 Sales Enablement Report」によると、営業の現場向けでは、提供プログラムの50％以上がトレーニング、あるいは営業のツール、コンテンツ、そしてコーチングで占められます。

一方で、マネージャー向けに関していうと、提供プログラムの50％以上

を占めるものは、営業の成果や育成に関わるデータの分析とマネージャー自身のコーチングスキルを上げるためのサポートです。

トレーニング、コーチング、ツール、システムの4つがイネーブルメントで提供するプログラムの柱であることがわかります。

⑤イネーブルメントのKPI

では、次にイネーブルメントのKPIは何か、効果検証にどんな指標をモニタリングしているのかを見てみます。ここで注目すべき点は以下です。

・**イネーブルメントの評価指標は営業成果**

「CSO Insights: The 2018 Sales Enablement Report」によると、一番多いのは、**売上予測として見込んでいる商談の成約率(44.6%)**で、創出した商談をちゃんと取れているかどうかを見ているというもの。2番目が、新しいお客様の獲得(42%)、3番目が、既存のお客様への浸透(35.2%)となっています。

要は「新しいビジネスの獲得につながっているのか」という観点で評価しているということです。いわゆる営業の成果に関わる指標をイネーブルメントのKPIに置いている企業が多いことがわかります。

強調したいのは、トレーニングの満足度や回数といった人材開発起点の指標ではなく、営業のビジネスゴールと一緒であるということです。ここがキーポイントです。

⑥育成投資金額

営業の育成に対して年間いくらの金額をかけているのかを見てみましょう。ここでは、2つのデータを紹介します。

ここで注目すべき点は以下です。

・**営業育成投資は、営業1人当たり年間約1500ドル**

グローバル最大の人材開発協会であるATD (Association for Talent

Development)の調査レポート「2016 ATD State of Sales Training」によると、営業1人当たりのトレーニング費用は年間1459ドルと書かれています。

また、「CSO Insights: The 2018 Sales Enablement Report」によると、営業及び営業マネージャー向けの1人当たり年間育成投資金額は、半数以上の企業が年間1500ドルと回答しています。

調査方法が日本と同一ではないため単純比較はできませんが、絶対額だけを日本と欧米とで開きがあるようです。

欧米企業における イネーブルメントの現状（まとめ）

ここまで6つの観点で欧米におけるイネーブルメントの動向を見てきました。整理すると次のようになります。

- イネーブルメントを導入する企業数は毎年増えていて、調査結果ではすでに6割以上の企業が導入している
- イネーブルメントを専門に仕事をしている人の数も増え、この3年余りで3倍近くになっている
- イネーブルメント組織を持つ企業と持たない企業を比べると、持つ企業のほうが営業の成果が高くなっている
- 商談成約率など営業の成果に関わる指標をKPIとしてイネーブルメントの効果検証をしている
- 営業1人当たり年間15万円程度の育成投資をしており、組織・人材両面から投資が進んでいる

ここまでの比較をまとめましょう。

1	導入企業数推移	・毎年増加傾向 ・調査データでは、6割の企業が導入
2	人材マーケット推移	・3年間で3倍以上に急拡大
3	育成成果への貢献	・イネーブルメントを持つ企業の営業成果が持たない企業よりも高い
4	提供プログラム	・幅広い営業人材開発サービスを社内で提供
5	イネーブルメントのKPI	・売り上げに関わる営業指標をモニタリングする企業が多い
6	育成投資金額	・1人当たりの営業育成投資金額は、年間1500ドル

1-6. 欧米のイネーブルメントの動向（まとめ）

日本と欧米の営業人材育成の違い

　ここまで、日本と欧米の営業人材育成の違いについて見てきましたが、大きな違いは以下の3点だといえます。

①欧米では組織的に営業育成の仕組みの整備が進んでいる
②日本では育成を担当する人材が不足している一方、欧米では育成担当人材（イネーブルメント人材）を増やしている
③欧米では成果を起点にKPIが設定されたりプログラムが提供されたりして、その効果が検証されている。OJT中心／サーベイ結果の回収で終わりではない

　従来、育成は成果に対する検証が難しいと考えられてきたため、育成予算がつきにくい傾向にありました。しかし欧米ではむしろ逆で、育成に人もお金も投資して売上拡大をドライブしていることが見えてきます。

03 成果起点で考える育成のフレームワーク

ここまで日本と欧米の比較を見てきましたが、ここからは、育成の目的に立ち返り、課題の構造を紐解いて、イネーブルメントの取り組みとどう合致するのかを整理していきましょう。

そもそも人材育成の目的は?

企業にとって、人材育成とは何でしょうか。私は企業内人材育成の目的を説明するとき、51ページの図を使って説明しています。

まず、三角形の部分です。

企業活動は組織や個人の「成果」によって成り立っています。そして、「成果」を出すためには「行動」が必要です。そして、「行動」を適切にとるためには「知識／スキル」が必要となります。

多くのビジネスパーソンが、インプットの質や量を変えたり、プロセスの処理スピードや質、量を変えたりすることで成果創出を最大化しています。
この三角形が前提になっていないケースは多々見受けられますが、育成を考えるうえでは「一体的に」理解しておくべきフレームです。

これを前提に、次に両サイドの矢印について説明します。
まず左側、**「組織としてどのような成果を達成したいのか」**。これが育成の起点になります。

営業組織であれば、「新しい市場でのシェア獲得」かもしれませんし、「既存顧客からの売上最大化」かもしれません。期待される成果は、組織の戦略とも密接にリンクしています。

次に、**「そのためにどういう行動がとれる人材が必要なのか」**を考える必要があります。

例えば、「プロダクトセリングからソリューションセリングに営業スタイルを変革」させる必要があるかもしれませんし、「単一商材ではなく、複数商材の総合提案」ができる必要があるかもしれません。「成果につながる行動要件は何か」というのがここでの問いになります。

そして次に、**「そのためにはどんな知識やスキルが必要なのか」**を整理します。「新製品の理解」や「新しいターゲット市場の理解」、もしくは「コンサルティング提案を行うための提案スキル」かもしれません。

このように、成果からブレイクダウンして、右側の育成施策につながっていきます。

右側の考え方は、左側と基本的に同じで流れは下から上にいきます。
トレーニングなどの育成施策を通じて「必要な知識／スキル」を習得できたかどうかを確認します。

次に、日々の営業活動やコーチングなどを通じて「行動が変わった」のかどうかを確認していきます。

最終的に、「求めていた成果」を達成できたかどうかを定量的に確認する、というサイクルが回って初めて育成が成果につながっていきます。

育成施策後に、想定していた行動の変化が現れたか、結果的に成果につながったかを検証し、改善していくことで、人材育成のPDCAサイクルを回すことができます。
これは言われてみれば当たり前のサイクルですが、これまでにいろいろ

な企業とお話をさせていただいた中で、こうしたフレームワークで育成を考えている企業はほぼありません。

　日々の業務で目立つ知識不足やスキル不足にどうしても目がいってしまい、「不足を補うための研修」で終わってしまうケースが多く見受けられます。その結果、そもそも育成の目的は何なのかを見失いがちです。
　ですから、組織としての成果を達成するという人材育成の目的をここでしっかりと確認しておきましょう。

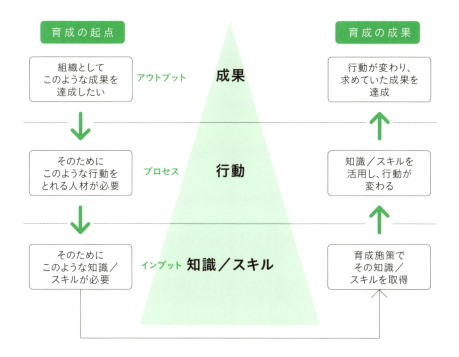

1-7.企業内人材育成の本来の目的

04 本質的に取り組むべき課題の所在

次に「成果起点の育成サイクル」が回らない原因がどこにあるのかを整理しましょう。残念ながらこのサイクルが回っている企業はほとんどないのですが、何がボトルネックなのでしょうか。

「ミクロ視点」と「マクロ視点」の両方で考えていきましょう。

「ミクロ視点」

ここでのミクロ視点とは、「営業現場視点」という意味で使います。
ミクロ的な視点で見ると、育成がなかなか進まない原因は4つあります。

① 成果起点で育成施策がつくられていない

次ページの図の①です。

なぜそのトレーニングが必要なのかということを現場が納得できるように、データなどを用いて伝えているかというと、そういったケースはほとんどありません。

このトレーニングは「競合に対する勝率を上げるための研修」なのか、「初期の営業プロセスを前進させるための研修」なのか、「大型案件を取るための提案書の書き方研修」なのか、そして、これらの研修は営業組織の戦略とどうつながっているのか。

これらが明示されているかどうかで研修の参加意義が異なってきます。これらがないと、「言われたから来たけど、何のためにやっているのかな？」と現場は感じてしまいます。

トレーニングが成果につながることがわかっていなければ、育成にはつながりません。 育成施策のスタート地点自体が成果を起点にしていないという要因がまず1つあります。

② トレーニングはやった。でも、その内容は現場感覚からずれている

　図の②です。
「トレーニングの内容が一般論的すぎて業務に生かせない」「講師の現場経験がなさすぎてまったく響かない」など、トレーニング自体に現場感がなければ、育成は進みません。
「トレーニングの内容が明日から使えるかどうか」ということは営業現場にとってはとても重要な点です。
　そして、「明日から使えるかどうか」はその企業にマッチした具体例が盛り込まれているかどうかに左右されます。

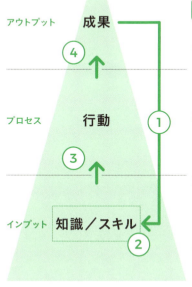

1-8.ミクロ視点での課題

例えば、「その企業の専門用語」「お客様の事例」「トーク集」「実際に使われていた営業資料」などです。

　また、「その具体例はどこから持ってきたのか」も営業パーソンは重視します。ハイパフォーマーの使っていた資料や敏腕マネージャーのノウハウであれば是が非でも吸収しようとします。

　一方、成績がイマイチの営業パーソンのノウハウや5年以上前のコンテンツを示しても誰も耳を傾けようとはしません。提供されるトレーニングコンテンツのクオリティは「Moment of Truth」、つまり「評価を左右する真実の瞬間」といっても過言ではないほど重要です。

③トレーニング後のフォローが何もない

　図表の③です。
　トレーニングをしたのはいいが、その後は何もせず、トレーニングが生かされたかどうかを誰もチェックしない。部下が受けたトレーニングの内容をマネージャーが知らないことすらあります。

　多くの場合、**「成果と育成の断絶」**はここで生じます。トレーニング後に知識を定着させるためには、「実務での意識的な反復活用」が必要です。
　そして、この反復活用は1人では進めにくいため、第三者からのフィードバックが必要となります。「主観ではできている」と思っても「第三者から見たらできていない」ということは往々にして起こることで、軌道修正が都度必要となるためです。

　そして、その役割として最も適任なのはマネージャーですが、マネージャー自身も数字を追っていて忙しかったり、どのようにフィードバックしていいかがわからなかったりします。
　その結果、数字の確認が会話の主テーマとなり、知識／スキルの定着は二の次となってしまいます。
　トレーニング後フォローをせず放置したままでは、育成は進みません。

④トレーニングの効果を測らない、あるいはそもそも測れない

　図表の④です。

　本章の最初に紹介した日本企業の人材育成のデータにもあったように、育成の効果検証を6割以上の企業が行っていません。

　効果を測れないので、トレーニングの出席率や満足度を測って終わりにしています。

　育成は組織としてのビジネスの成果を求めて行うもののはずですが、現状では育成の効果を測れないために、業績不振などでコストカットの必要性が出てくるとまっ先に育成・トレーニングが削られる対象となってしまいます。

「マクロ視点」

　次にマクロ視点でも見ていきます。マクロ視点とは、ここでは組織構造や仕組みレベルという意味で使います。

　マクロ的な視点で見ると、インプット（知識・スキル）、プロセス（行動）、アウトプット（成果）のレイヤーごとに「管轄部門が違う」ということがここでのキーポイントです。

　次ページの図の上段から見ていきます。

　成果を最大化して見える化するために、SFA（営業支援システム）を用いて営業の活動、アウトプットを管理しています。多くの場合、営業企画部門や営業推進部門がこのサポートを行います。

　SFAシステムへのデータ入力を推進したり、新たなITツールを導入したりして営業活動の生産性を上げるためにサポートします。

　次に下段です。知識／スキルが必要だということで、外部トレーニングやE-learningなどのプログラムを提供します。多くの場合、人事部門がこ

のサポートを行います。

　ただ、営業実績の数値を見てトレーニング企画をつくっているかというと、そのケースは稀です。ゆえに、先ほどのミクロ視点①で見た、「なぜこのトレーニングが必要なのか」の納得感が得られないという事象が発生します。

　中段にいきましょう。
　プロセスの部分は現場OJTとしてマネージャー任せです。「SFAも導入した、トレーニングも提供した。あとはマネージャーよろしく！」という状況です。多くのことがマネージャーに課せられてきますが、全てのマネージャーが営業推進部門や人事部門と同じ目線で動けるわけではありません。
　企業内の人材育成をうまく進めるためには、インプット・プロセス・アウトプットが一気通貫している必要がありますが、現実は上記で見たようにバラバラなのです。

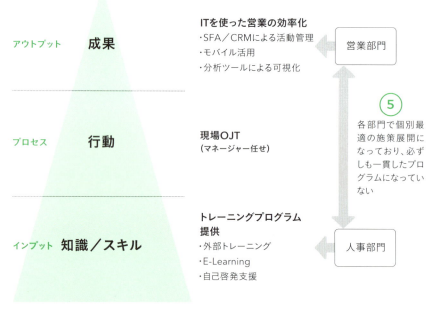

1-9. マクロ視点での課題

管轄部門が異なるため致し方ない側面はありますが、**インプットやアウトプットで提供されているプログラムがどれほど素晴らしくとも、それは個別最適でしかありません。**
　ゆえに、この構造を変えなければなりません。これがマクロ視点での課題です。

　以上のことから、「ミクロ視点で見ると、育成の現場で生じている現場最適なものが回っていない」「マクロ視点で見ると、育成／運用を担当する部門が会社の仕組み上では別々になってしまっている」という本質的な課題の構造が明らかになりました。
　これらの複雑な課題を解決し、成果につながる育成を実現する仕組みがイネーブルメントです。

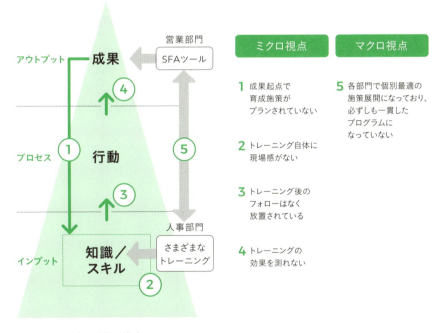

1-10. 人材育成の課題の構造

05 イネーブルメントの必要性

　繰り返しになりますが、イネーブルメントはこれまで分断されていた「成果」「行動」「知識／スキル（学習）」を一気通貫でつなぎ、営業成果の最大化を支援します。

　「旧来の組織体制では実現が難しかったことをカバーし、それがビジネス成果に直結する」ということが、イネーブルメントが求められる大きな理由です。

　イネーブルメントは、マクロ視点で見ると**「これまで部門横断で管理していた育成施策」を統括**します。
　営業推進部門の機能の一部、人事部門の育成機能の一部をカバーし、営業成果起点で施策を推進するということです。

　ミクロ視点で見た場合は、トレーニング、コーチング、営業コンテンツ、営業支援のためのシステムなど**「現場ですぐ使える実務的なプログラム」を提供**していきます。
　営業の生産性を高めるための施策を提供し、その結果を営業成果と照らし合わせて投資対効果を図っていくわけです。

　これまで分断されていた「成果」「行動」「知識／スキル（学習）」がプログラムレベル、システムレベル、組織機能レベルでつながっているというのがイネーブルメントの大きな特徴です。

　次の全体像を見ていただくと、単にトレーニングやコンテンツを提供するだけではなく、営業の前提となるプロセスの再構築やツール整備、場合によっては新たな営業組織の立ち上げ支援などにも関わることがわかると思

います。

　これまでバラバラだった複数の施策や組織機能が統合されて営業部門を支援することをイメージしていただくと、営業の戦略パートナーとなって動く重要な組織ということがご理解いただけるはずです。

「現場の実行力を上げるための取り組みを、組織的に仕組み化できる」というのがイネーブルメントが着目される理由です。

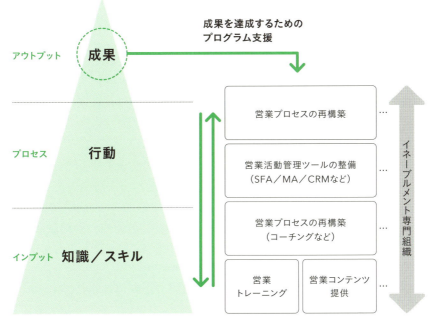

1-11.イネーブルメントは成果〜行動〜知識／スキルを一気通貫でカバー

06 イネーブルメントにまつわる情報整理

人事とイネーブルメントによる育成スコープの違い

次の章に移る前に、2つだけ整理しておきたいことがあります。
1つは、人事の育成とイネーブルメントの育成の違いについてです。
一般的には、人事部門でも育成プログラムを提供しています。イネーブルメントでも育成プログラムを提供しています。その違いについて混乱する読者もいると思いますので、簡単に整理します。

次ページの図を見てください。
縦軸が育成に関わる課題の固有性、横軸が対象とする部門です。課題の固有性としては、下は全社共通の育成課題、上は部門固有の育成課題になります。
全社共通のところは、全部門を対象に、新入社員研修、管理職研修、あるいはコンプライアンス、セキュリティなどに関する研修として人事部門が育成を担当します。
それに対し、イネーブルメントは営業部門固有の育成課題に特化して解決していきます。もちろん、営業部門以外のエンジニア部門やカスタマーサクセス部門に特化したイネーブルメントもあり得ますが、そのことについてはまた別の機会に取り上げたいと思います。
つまり、**人事は「全社共通の育成課題」を担当し、イネーブルメントは「営業に特化した育成課題」を担当する**という違いです。

営業成果を達成するためには、営業プロセスを見直したり、営業活動管理ツールを整備したりする必要があるでしょう。現場を動かすマネー

ジャーのコーチングスキルを高めることも、営業トレーニング・営業コンテンツ提供も必要です。

　イネーブルメントの組織を持つ会社でも、これら全てのことをやっている会社もあれば、一部のトレーニングに特化している会社もあります。
　ゆえにイネーブルメントの定義に違いが出てくることになるのですが、最終的な営業成果を求めているのはどの会社も同じで、人的資源やコストを勘案してどこまでやるかの違いです。
　「営業成果に向けた統合的な取り組み」である点が、旧来の人事による育成と大きく違うところです。
　ビジネス成果に向けた育成はイネーブルメントに集約し、全社共通の育成は人事部門に集約する、と考えるとわかりやすいかもしれません。

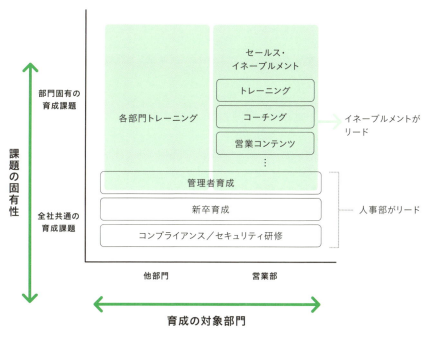

1-12. 人事とイネーブルメントによる育成の違い

イネーブルメントであるもの／ないもの

　実態は営業トレーニングをしているだけなのに、トレーニングを今風に「イネーブルメント」と言っている企業も時々見受けられます。
　では、本来のイネーブルメントであるものと、そうでないものとはどこが違うのでしょうか。

　簡潔にまとめたものが下の図です。
　左側がイネーブルメントであるもの、右側がイネーブルメントでないものです。

イネーブルメントであるもの	イネーブルメントでないもの
・営業成果（データ）が起点 ・体系化された実践的なコンテンツ ・トレーニングと現場フォローが「地続き」 ・ITを活用した育成進捗の可視化	・単発のトレーニング ・実践的ではないコンテンツ ・トレーニング後フォローなし ・ITが活用されていない ・KPIはトレーニングサーベイのみ

Must haveの育成　　　　**Nice to haveの育成**

1-13.イネーブルメントであるもの／ないもの

「イネーブルメントであるもの」とは、達成すべきビジネスの成果、特に定量的なデータを起点に構築されたプログラムで、営業がすぐに立ち上がるように実践的で体系化されたコンテンツが用意され、トレーニングが終わったあとの現場フォローが地続きで提供され、ITを活用して誰がどこまで進んでいるのかが可視化されるような仕組みです。

達成すべき成果が起点なので、育成効果の検証ができ、やらなくてはいけない育成になります(Must Have)。

一方、「イネーブルメントでないもの」は、例えば単発のトレーニング、実践的ではないコンテンツ、トレーニングをしたもののその後のフォローがまったくない、ITが活用されておらずいつ・誰が・どんなトレーニングを受けたかがわからない、KPIは育成目的のサーベイだけである、といったものなどです。

ないよりはましだけど……(Nice To Have)程度のもの、断片的、突発的で、つながっていないものはイネーブルメントではありません。

重要なことなので繰り返しますが、**トレーニングから行動の変化、結果としての成果の達成まで、営業成果に向けて一気通貫した育成の仕組みがイネーブルメント**なのです。

顧客視点で
営業プロセスを見直し、
マーケティング部との
溝を埋める

第2章

営業成果に必要な
もう1つの重要テーマ

　第1章では、日本と欧米の営業人材育成の現状を理解し、そこから私たちが紐解くべき「人材育成に関わる課題の構造」と育成フレームワークについて見てきました。

　一貫して「営業成果に向けた育成が求められる」とお伝えしてきましたが、**営業成果は何も人材育成だけやれば達成できるわけではありません。**育成は成果達成のための一要素に過ぎないのです。
　イネーブルメントの取り組み、さらには営業成果を最大化していくうえで取り組まなければならない重要テーマがあります。
　それが、「**営業プロセスの見直し**」です。

　イネーブルメントは、営業組織に対して育成を中心に実務的な支援を提供する機能です。ただ、支援対象である営業組織の営業プロセスや、営業に関連する組織との連携がうまく設計されていない場合、いくら良いトレーニングを提供しても効果がありません。

　第1章では、「営業育成」をテーマに見てきましたが、この章では「営業プロセス」に焦点を当て、営業成果を出すために必要なプロセス設計や営業組織間連携のあり方について考えていきます。

> ― 第2章の流れ ―
> 1. 顧客視点での営業プロセス設計
> 2. マーケティングと営業の溝
> 3. 最適化された営業プロセスを支えるイネーブルメント

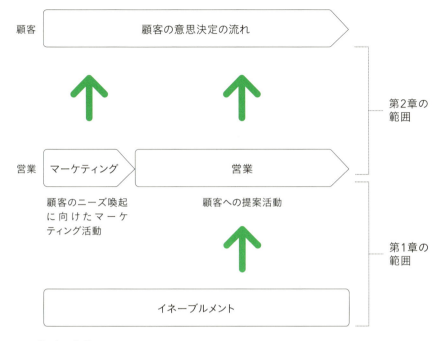

2-1. 第2章の範囲

01 顧客視点での営業プロセス設計

自社視点 vs 顧客視点

「営業成果」という言葉をこの本では何度も使っていますが、「営業成果」はどこからくるのでしょうか。答えは、簡単。「お客様からの発注」です。

お客様が自社の製品やサービスを購入いただく意思決定をしてくださったからこそ、対価として「受注」がもらえ、それが「営業成果」になります。

この受注に至るプロセスを管理するのが「営業プロセス管理」です。
　しかし多くの場合、「自社の営業がどのような活動をしたか」を管理することに焦点を当てすぎて、「お客様の意思決定が前に進んでいるか」という視点が抜けがちになります。
　イネーブルメントを効果的に推進していくためには、**営業プロセスの定義を自社視点から顧客視点に変える**必要があります。B2Bのソリューション型の営業や受注までの案件プロセスが長い営業は特にそうです。そのことにより、営業成果の予測精度が格段に上がります。
　どういうことか詳しく見てみましょう。下記はよくある営業プロセス管理の流れです。

2-2. よくある営業プロセス

　会社によってプロセスの名称は、フェーズ1、2、3……と数字で呼んだり、フェーズA、B、Cとアルファベットで呼んだりしますが、いずれにしても以下のように段階管理をしているケースが多いと思います。

「問い合わせ」フェーズでは、顧客からの問い合わせに1日以内に対応したか？
「初回ヒアリング」で、お客様は何に興味があるかを聞けたか？
「ソリューション提案」で、売るべき商品を提案したか？
「見積もり」は、大きな値引きをせずにちゃんと出したか？
「受注」では、注文書の受領はいつの予定か？

　さて、この営業プロセスの定義は、自社視点でしょうか、それとも顧客視点でしょうか。さまざまな意見があることを前提としたうえで、ここでは「自社視点」に限りなく近いと考えます。
　もう1つ見てみましょう。次は、顧客視点を意識した営業プロセスです。

2-3. 顧客視点を意識した営業プロセス

　こちらはどうでしょうか。先ほどの自社視点と何が違うのでしょうか。
　③の「ソリューション提案」や最後の「受注」というプロセスはともに同じです。答えは、**「顧客の意思決定プロセスを意識した定義」であるかどう
か**の違いです。
　顧客の意思決定プロセスとは何でしょう。例えば、以下のようなものです。

2-4. 顧客の意思決定プロセス（例）

　多くの場合、ベンチャー企業や社長決裁で意思決定が早い企業を除き、一定金額の投資を伴う製品・サービスの購買には、顧客社内に意思決定のための検討プロセスがあります。一部門の担当者の一存で、例えば1000万円を超えるシステム投資は普通は決定できません。
　営業活動の前提には、複数の関連部門や経営層を含めた顧客の意思決定プロセスが存在するということをまず押さえておく必要があります。
　B2B営業の場合、このプロセスの中でさまざまなステークホルダーが関わってきます。
　導入予定のソリューションを技術的な観点から検証するエンジニア部門、ソリューションを実際に使うユーザー部門、同業他社とのサービス比較を行う購買部門など、1つのステップを前進させるだけでも多大な労力を必要とします。

　それでは、「顧客の意思決定プロセス」の上下に先ほどの「自社視点の営業プロセス」と「顧客視点の営業プロセス」を置いて比較してみましょう。

下の図を見てください。
ここから何がわかるでしょうか。
見ていただきたいのは、「**営業プロセスと顧客の意思決定プロセスとの整合**」です。

「自社視点の営業プロセス」は、"営業パーソンが何をしたか"に焦点を当ててプロセスが定義されます。
例えば、「ヒアリングをしたか」「提案を出したか」「見積もりを出したか」などです。
ここで注意しなければならないのは、「見積もりを出した」からといって必ずしも「顧客の意思決定プロセスが前進した」とは限らないということです。

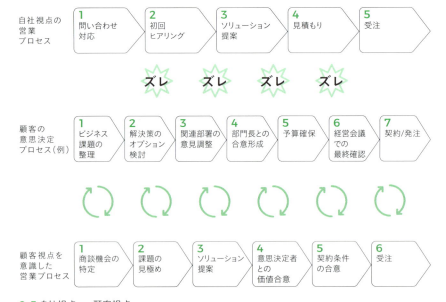

2-5.自社視点 vs 顧客視点

自社が管理したい営業プロセスが、顧客の意思決定を前進させる活動につながっていなければ、自社の状況認識と顧客の意思決定ステータスの間に「ズレ」が発生します。

　そしてこの「ズレ」が売上予測のギャップにつながり、営業全体の予算計画が狂ってきます。

「先日見積もりを出してお客様の反応は良かったのですが、今月受注は難しそうです」
「提案内容は良かったと思うのですが、取り組み自体が来期に延期されました」
「先週まで電話をかけてもつながりませんでしたが、今日いきなり受注がもらえました」

　上記のように、悪いケースもあれば結果的に良いケースもありますが、要はいずれも**顧客の意思決定プロセスが見えておらず営業活動をコントロールできていない**ということです。
　これが営業組織全体で起こると、営業予測精度が極端に低くなります。

　一方で、「顧客視点の営業プロセス」はどうでしょう。
　こちらは、**顧客の意思決定プロセスを前提にプロセスが定義**されます。
「顧客が検討している背景にあるビジネス課題は何か」
「ソリューション導入後のあるべき姿は何か」
「関連部門のキーパーソンの意思決定ポイントは何か」
「顧客はいつまでにこの取り組みを完了しなければ、事業場にどのような影響が出るのか」などです。

　営業活動管理の背景にある主語は「顧客」です。顧客の意思決定を前進させるために必要な活動を管理します。顧客の意思決定に即しているので、自社の状況認識と顧客の意思決定ステータスの間のギャップを最小化できます。

「今、担当者レベルで提案内容を検討してもらっています。見積もりも出しましたが、まだ営業プロセス上は初期フェーズです」

「直接、お客様の部門長と打ち合わせをしています。再来週、経営会議が予定されており、次回の提案で予算と導入スケジュールの合意が取れれば営業プロセス上は最終フェーズに前進します」

「ユーザー部門は提案内容に好意的ですが、技術部門が難色を示しています。ゆえに、営業プロセス上は初期フェーズに置いておきます」などです。

このように顧客の意思決定状況を根拠にした会話ができれば、営業プロセスが十分見えていると判断できますし、営業予測精度の向上も期待できるでしょう。

イネーブルメントにとっての「営業プロセス管理」の意味

ここまで営業プロセスを顧客視点で変える必要性について見てきましたが、イネーブルメントの視点で考えると、どのような意味があるのでしょうか。実は、この「営業プロセスを顧客視点で整備すること」がイネーブルメントの最初のステップになります。イネーブルメントに取り組む以前に、当面は顧客視点で営業プロセス管理にフォーカスするだけでも十分なほど、とても重要なステップになります。

なお、第4章の事例として紹介するSanSanは、実はこの営業プロセスの見直しから着手しています。イネーブルメントが機能している会社は、前提としてこの営業プロセス管理が定着しているといえるでしょう。

イネーブルメントは、成果起点の育成であることを述べてきましたが、その育成テーマはどこからくるかというと、「営業プロセス」のデータです。例えば以下のようなものです。

・営業初期フェーズで案件をつくれていないのであれば、案件創出のプ

ログラムをつくる
- 営業の中盤で競合に対する勝率が低いのであれば、競合対策のプログラムをつくる
- 営業の終盤で受注率が低いのであれば、クロージングのためのネゴシエーショントレーニングを開発する

営業プロセスごとに見る指標は、例えば以下のようなものです。

〈営業初期フェーズ〉
- 保有している案件金額、件数
- 新規に創出した案件金額、件数

〈営業中盤フェーズ〉
- 案件停滞日数（活動がない案件の日数）
- 各フェーズのConversion Rate（次のフェーズに進んだ件数と金額）
- 競合に対する勝率

〈営業終盤フェーズ〉
- 受注件数、金額
- 平均案件金額、件数
- 受注までの日数

　このように、**営業プロセスに即してデータを分析し、必要な対策を打っていくのがイネーブルメントの基本的な動き**となります。
　この営業プロセスが「自社視点」で定義されていたらどうなるでしょうか。想像のとおり、**顧客のニーズにそぐわない営業育成を推進**することになります。
　イネーブルメントは、営業だけでなく、その先の顧客にも目を向けて営業成果を支援していく必要があります。
　「顧客の意思決定プロセスに即した営業プロセス」を可能にする育成施策を展開することが、イネーブルメントの価値発揮の大前提となるのです。

02 マーケティングと営業の溝

ここまで、営業プロセス管理について見てきました。

次は、少し視野を広げて「マーケティングと営業との連携」について考えましょう。

このテーマを取り上げる理由は、多くの場合、**営業成果の前提となる案件の創出元の１つがマーケティングであり、マーケティングと営業との連携が営業成果を最大化するうえで必要不可欠であること**です。

マーケティングから営業への流れは、以下のように整理できます。

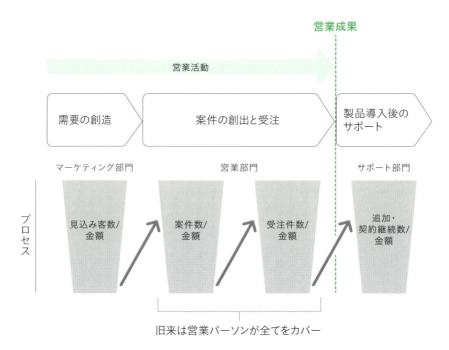

2-6.営業活動のValue Chain

マーケティング部門は、イベントやセミナー、Web広告などさまざまな手段を通じて見込み客を創出します。

　これらの見込み客は、営業に引き継がれます。営業は見込み客にアプローチして案件化し、受注活動を行います。

　しかし旧来だと、このように案件創出から受注まで、全て営業が行うというのが営業の美徳といいますか、「それこそが営業だ」といった考えがありました。

見込み客がマーケティングと営業の間でこぼれ落ちる

　「せっかく創出した見込み客なのに、営業が十分フォローせずにこぼれ落ちてしまう」という悩みを多くの企業が抱えています。下の図の四角の部分です。

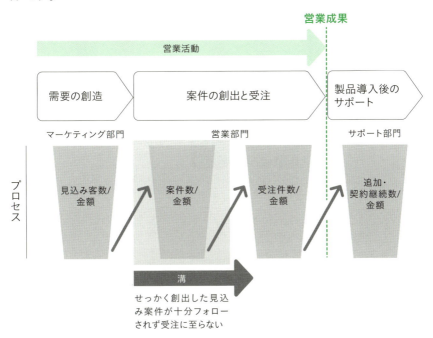

2-7. マーケティング部と営業部の溝

なぜ十分フォローされないのでしょうか。

それは**営業が案件創出も受注もやっていると、クロージングに注力してしまい、案件化がおろそかになってしまうから**です。受注間近の案件が目の前にあると、誰しもそちらに注力します。

これだと、クロージングしている間、他の見込み客の案件化が進まず、時間のムダが生じて効率的ではありません。マーケティング部門も多大なコストをかけて見込み客を獲得しているわけで、組織全体で見ると大きな機会ロスを生んでいることになります。

マーケティングと営業の間の溝を埋める方法

そこで企業は、この溝を埋めるために2つの取り組みをしています。

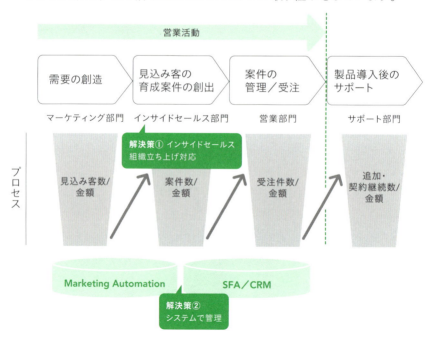

2-8. マーケティングと営業の溝を埋める解決策

解決策① インサイドセールスで溝を埋める

　1つは、電話やWebを使って見込み客のニーズを掘り起こして顕在化させるインサイドセールス部門をつくり、組織的に常に案件をつくり続けることによって、営業成果の最大化を図るというものです。

　インサイドセールス部門の役割は「案件の発掘」です。
　マーケティング部門から渡される見込み客が、必ずしも案件につながるとは限りません。中には情報収集のためにイベントに参加したり、Webの資料をダウンロードしたりして終わり、という顧客も当然います。

　インサイドセールス部門は見込み客が営業に渡される前にスクリーニングをします。自社と接点があった数日以内（大抵は当日）に見込み客に電話でコンタクトします。

　そこで情報収集する内容は、従来の営業が行っていた初回訪問と変わりません。電話をする前に、見込み客のホームページや公開情報を調べてヒアリングの仮説を立てます。
　例えば、次のような質問を投げかけます。

「お客様のニーズに合った情報提供をするために、今回イベントに参加された理由を可能な範囲で教えていただけますでしょうか？」
「ご覧いただいた情報以外に、関連業界ではXXの事例がございますが、御社のご検討テーマに合致していますでしょうか？」
「今お話しいただいた検討テーマはいつまでに解決する必要がありますか？」

　優秀なインサイドセールスは、会社として追うべき案件かどうかを見極めて営業に見込み客情報を渡します。

　全ての営業組織にインサイドセールスが合致するとは限りませんが、インサイドセールス機能は非常に合理的な役割分担の仕組みです。

インサイドセールスは、1人の営業が行っていた「案件発掘機能」を担い、営業機能の一部として活動します。

これにより、旧来の営業にありがちな「案件発掘 vs 受注活動」の活動の偏りが、組織全体で「案件発掘 & 受注活動」として担保できるのです。

受注案件の分母は発掘した案件数にあるわけで、営業全体で常に「案件発掘活動」が行われているというのはとても理にかなっているといえます。

このような形で、マーケティングと営業の溝を埋める解決策の1つとしてインサイドセールスを導入する企業が増えています。

解決策② システムを使って溝を埋める

もう1つが、システムを使ってマーケティング部門と営業部門の橋渡しを自動化すること（マーケティング・オートメーション、以下MA）です。

MAを活用することで
- 自社に興味があるお客様は誰なのか
- そのお客様は自社の何に興味があるのか
- そのお客様は過去どのくらい自社のホームページを訪れているのか
- そのお客様の温度感はホットなのかコールドなのか

といった顧客の「見込み度合い」を可視化し営業にバトンタッチできるようになります。

これにSFA（営業支援システム）、CRM（顧客管理システム）を組み合わせることで、
- 誰が／いつ／どんなメールをお客様に送ったのか
- 誰が商談を持って行って、どんな活動をしているのか
- 最終的に受注に至ったのか失注になったのか

という自社とコンタクトが始まってから受注に至るまでの流れが記録され、部門横断的に社内で情報が共有されます。

かつては営業がお客様を訪問して案件の温度感を確認する必要があったことを、システムを使って自動化し、フォローの抜け漏れ防ぐ取り組みにするわけです。

「インサイドセールス ＆ システム」の組み合わせ

　今見てきた2つの解決策（インサイドセールス、システム）は、組み合わせて取り組むことが可能です。

　インサイドセールス部門がマーケティングと営業の「案件発掘」の橋渡し役となり、MAのテクノロジーを使って見込み度合いを自動的に分析し、インサイドセールスによるスクリーニングも組み合わせて案件化を行います。

　案件化しなかった見込み客も、そこで終わらせるのではなく「ナーチャリング（案件化に向けた育成）」活動を行い、潜在顧客として育てていきます。
　ナーチャリングもシステムを使ってコンテンツを自動配信したり、フォローのタイミングを通知機能を使って適切な時期にコンタクトしたりするなどして、案件機会を創出していきます。

　本書は、SFAやMAの専門書ではないので詳細は割愛しますが、後半の事例で紹介するNTTコミュニケーションズ社はまさにSFA、インサイドセールス、MAのフルセットで取り組んで新規顧客開拓に成功してきた企業です。

案件創出の別アプローチ：新規ビジネス開発チーム

　マーケティングと営業の溝を埋めるという目的から少し話が逸れますが、インサイドセールスが自社にフィットしない場合の案件創出について少し触れておきましょう。

　インサイドセールスは、売る製品がシンプルで、営業活動のサイクルが短く、新規顧客開拓をどんどん行っていくようなビジネスモデルに最もフィッ

トします。

　一方、大手企業向けのB2B営業で、複数の製品を扱い、複雑な営業プロセスがあり、巻き込むべき社内関係者も多く、これまでのお客様との人間関係が重視され、顧客内シェアを維持しつつ新規領域の提案を求められるような業態では、インサイドセールスには限界があるでしょう。

　では、このような場合、「案件創出という役割」を組織上どのように持たせればいいのでしょうか。

　1つ紹介したいのは、**「新規ビジネス開発チーム」**をつくって案件創出を進める方法です。
　これは特に製品のラインナップが多岐にわたり、既存顧客からの売上比率が大きいエンタープライズ企業で効果的なアプローチといえます。

　売上の大部分が既存顧客からの引き合いで構成される、という場合は営業担当が新規ビジネスを推進することが難しいことがあります。
　その理由は2つあります。

①既存顧客からの引き合い対応で忙しい（新規をやれと言われてもそもそもその時間がない。既存のビジネスの死守で精一杯）
②新しい領域の知識スキル習得に相当の時間を要する

「新しい領域の提案を強化したいにもかかわらず進まない」というのが典型的な状況です。
　このような場合は、「新規ビジネス開発チーム」をつくり、**従来の「引き合い対応型営業チーム（案件クローズがメイン）」と分けて営業プロセス全体を設計**します。

- 引き合い対応型営業チームは、安定して見込める既存ビジネスを死守拡大
- 新規ビジネス開発チームは、新しいソリューションを既存顧客または新

規顧客に提案して新たなビジネスの柱を確立する

　分ける理由のポイントは、先ほども述べたとおり、「新規案件創出」と「受注クロージング」で、「使う営業の筋肉」と「営業活動の優先順位」が異なるということです。ここに「複数の製品」の軸や「業界」の軸が加わると、もはや1人の営業で全てをカバーすることは難しくなります。

　地理的にカバーすべき営業領域が広い場合は、インサイドセールスと組み合わせて「インサイドセールス＋新規ビジネス開発チーム」という体制も考えられるでしょう。

　新規ビジネス開発チームというコンセプト自体に目新しさはありませんが、営業プロセス全体を視野にイネーブルメントを検討するということになると、インサイドセールスと同じ位置付けで新規ビジネス開発チームが重要な機能になってきます。
　場合によっては、「新規ビジネス開発チームのイネーブルメント」が自社にとって最もインパクトのある取り組みテーマになるかもしれません。

　マーケティングと営業の溝を埋める、という直接の目的とは少し異なりますが、多くの企業と議論する際に出てくるテーマでしたので、簡単に取り上げさせていただきました。

イネーブルメントにとっての「マーケティングと営業の連携」の意味

　さて、マーケティングと営業の溝を埋める解決策について見てきましたが、これはイネーブルメントの観点ではどのような意味があるのでしょうか。

　イネーブルメントは育成を中心に営業成果を最大化することを目的にしています。営業活動の前提となる顧客情報（見込み顧客）が営業プロセスの途中でこぼれ落ちてしまうと提案活動まで行き着かないので、営業パー

ソンの何を改善すればいいかがわかりません。**ともすれば、「見込み顧客を取りこぼさないよう営業とマーケティングの連携を強化しましょう」というコインの表と裏をひっくり返したような議論になりかねません。

　全社的に見れば、マーケティングに費やしたコストが最終的にどの程度受注につながったのか、というマーケティングROI（投資利益率）も見えません。

　したがって、営業成果を最大化するうえでは、マーケティングと営業をスムーズに連携させることが必須となってきます。
　「見込み客獲得→顧客理解→提案活動→受注」という一連のプロセスでマーケティングは営業活動の重要な役割を担っており、ゆえにマーケティングと営業の連携はイネーブルメントに取り組むうえでも重要なテーマになってきます。
　先ほど、営業プロセスの「分業化」と述べましたが、イネーブルメントは「インサイドセールス」「新規ビジネス開発」「引き合い対応営業」それぞれを適切に「分けたり」「つないだり」という役割を担うこともあれば、それぞれに足りない「知識／スキルを埋める」という活動もスコープとして捉えていきます。

　イネーブルメントは営業成果を最大化することが目的ですので、マーケティングから営業まで幅広く最適化することが求められます。

「顧客視点の営業プロセス」まとめ

　ここまで、営業成果を最大化させるためには、「顧客視点の営業プロセス」の見直しが必要であるということを見てきました。これらが営業育成プログラムの大前提であるということをご理解いただけたでしょうか。
　整理すると、以下2点がポイントです。

- 営業プロセスを顧客の意思決定プロセスに「アライン(整合)」させて定義する
- インサイドセールスやMAを活用して顧客情報が「流れる」状態をつくり、マーケティングと営業の部門間連携を加速させる

　これらのテーマは、「営業成果を最大化する」うえでイネーブルメントと並んで重要な整備事項になるため、1つの章を割いて解説しました。

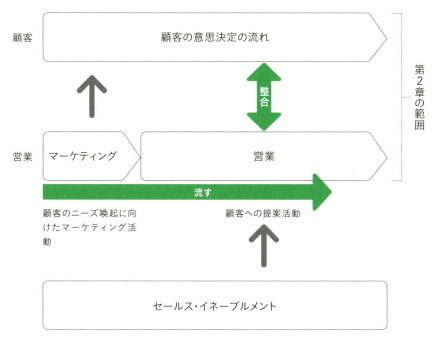

2-9. 顧客の意思決定の流れに「整合」させ、顧客情報を「流す」

03 最適化された営業プロセスを支えるイネーブルメント

　第1章で「成果起点の育成フレームワーク」について、そして第2章では「顧客起点の営業プロセス」について見てきましたが、ともに「営業成果」ということで同じベクトルです。最終的には、営業の先の「顧客にとっての成果」という方向にベクトルが向いているわけです。

　「顧客」「営業」「イネーブルメント」の関係を整理すると、次ページの図のようになります。そして、これがイネーブルメントを機能させる全体フレームになります。

　第1章で見てきた三角形のフレームの一番上の「成果」は「営業の成果」として述べてきました。
　実務的にはそれで問題ありませんが、本来の意味で考えると「顧客にとっての成果」が大前提にあるということをここで押さえておきたいと思います。

　イネーブルメントのプログラムも同様で、「営業が売れればいい」ではなく「営業の提案活動が顧客の成果に資する内容になっているか」という点でプログラム提供されるべきだといえるでしょう。

　ここまででイネーブルメントの前提理解が終わりました。
　簡単に整理すると、以下のようになります。

- イネーブルメントは営業の「成果-行動-知識／スキル」を一気通貫でつなげて最適化する組織機能である
- イネーブルメントの育成プログラムは、営業の成果起点で設計される
- 営業の成果は、顧客視点の営業プロセスで仕組み化される

- **イネーブルメントは、営業の先の顧客の成果に資するプログラム提供が求められる**

次の章では、具体的なセールス・イネーブルメントの構築方法について見ていきます。

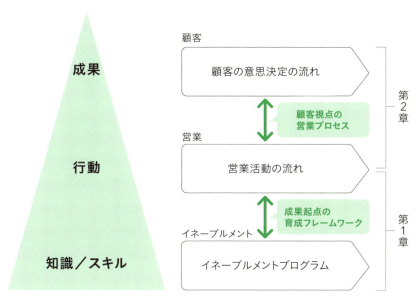

2-10. イネーブルメントを機能させる全体フレーム

セールス・イネーブルメント
の構築法

第 3 章

イネーブルメントの構築法の全体像

　この章では、どのようにしてイネーブルメントを構築していけばいいのかという具体的な方法論を解説します。

　本章の位置付けは下図のとおりです。
　図表の右下のイネーブルメントプログラムと組織の構築法を見ていきます。
　具体的な内容は次ページの図のとおりです。

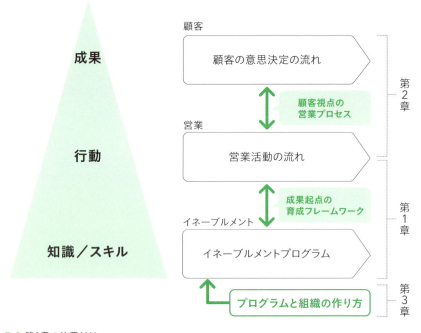

3-1. 第3章の位置付け

1. イネーブルメントの構成要素とは何か。どういったものがそこに含まれるのか
2. イネーブルメントプログラムの具体例
3. イネーブルメント構築をどのような手順で進めていけばいいのか
   段階的な5つのフェーズ
   企業規模別の進め方
   イネーブルメントにどのくらいの人員を配置すればいいのか
   イネーブルメント組織をどこに配置するのが適切なのか
   イネーブルメント組織の成果は何を指標とするのが適切なのか

最後に「イネーブルメントの構築法の総括」を入れ、フェーズと規模別に見て自社が今どこにいるかということが概観できるような内容になっています。

> 1. イネーブルメントプログラムの構成要素
> 2. イネーブルメントプログラムの具体例
>   ▶トレーニング
>   ▶コーチング
>   ▶ツール／ナレッジ
> 3. イネーブルメントの作り方
>   ▶5フェーズ
>   ・フェーズ1：営業データの収集と整備 (SFA)
>   ・フェーズ2：兼任または専任人材のアサイン
>   ・フェーズ3：プログラムの開発と提供
>   ・フェーズ4：イネーブルメントデータの蓄積と営業成果による検証
>   ・フェーズ5：経営層とのイネーブルメント結果レビューサイクルの確立
>   ▶企業規模別の進め方（例）
>   ・ベンチャー
>   ・中堅規模
>   ・大手企業
>   ・グローバルカンパニー
>   ▶イネーブルメントのリソース比率
>   ▶イネーブルメントの組織の配置
>   ▶イネーブルメントチームのKPI
> 4. 全体サマリー：「イネーブルメント進捗マップ」で自社の立ち位置を確認

3-2. イネーブルメントの構築法

旧来の営業人材育成のおさらい

本題に入る前に、旧来の人材育成についておさらいしましょう。

旧来は、自社で営業のトレーニングを行うものの、現場はそのトレーニングが必要な理由をわかっていなかったり、内容が一般論的すぎて営業に生かせなかったりというケースが大半でした。

そして、トレーニング後のフォローもなく、マネージャーも自分の部下がどんなトレーニングをしているのかを知らなかったりします。

その結果、せっかくトレーニングを受けたとしても、自己流に戻ってしまったり、中途採用であれば前の会社の売り方に戻ってしまったりします。

また、効果検証もトレーニング自体の出席率や満足度などを指標しているため、多くの会社で投資効果を把握できていません。

トレーニング	OJT	効果測定
・なぜそのトレーニングが必要なのか納得感がない ・トレーニングが一般的すぎて業務に生かせない	・トレーニング後のフォローがなく放置 ・マネージャーもトレーニング内容を知らない ・過去の売り方に戻ってしまう	・出席率・満足度がトレーニング効果指標 ・投資対効果がわからない

3-3.これまでの人材育成（おさらい）

成果が出るまでのステップ

成果につながる大まかなステップを描くと、次のようになります。

1つめは**「何かを学習する」**ことです。
例えば、新しい製品を理解する、売り方を変える、といった必要があるとしたら「ビジネススキルを学ぶ」「担当している業界の知識を増やす」など、学習することが何においてもファーストステップになります。

次は、**「学んだことを実践する・適用してみる」**という2つめのステップに移ります。つまり、自分で試してみるということです。
新しい製品の知識を学んだのだったら「今担当しているお客様に提案してみる」、苦手だったプレゼンテーションスキルをトレーニングしたのだったら「お客様に実践する」「自分なりに工夫を凝らす」というステップが入ってきます。目に見える成果が出るまでには、実際はさまざまな試行錯誤がありますが、それも実践のうちと考えればこのステップに入ります。

自分なりにやってみてこんな感じかとわかったら、3つめの**「効率的に動くために学習の仕方や実践の仕方を発展させる」**ステップに移ります。自分なりのやり方をルール化したり、自分にはないノウハウやリソースを使ったりして効率的に動けるようにする、ということです。
特にBtoBの法人営業だと、1人でできることは限られています。
そこで、他のチームの支援を仰いだり、すでに成功している人のノウハウを自分に取り入れたりするという形で、各ステップで自分なりにやってきたことを進化させる工夫が必要になります。
成果までの必要最低限のステップということであれば、1つめの学習と2つめの実践・適用までですが、実際のビジネスでは、できることをさらにどれだけ効率的に、早くできるかが問われますので、3つめの効率的に動くステップが必要です。
自分なりの動き方と他のリソースの使い方をうまく学んだ結果、効率的

に成果に至る。こういう3つのステップを踏むことになります。

　参考までに、人材開発の世界では「カークパトリックモデル」という研修効果を測定する有名なモデルがあります。これは、アメリカの経営学者カークパトリック氏が提唱した教育の評価法モデルで、研修の効果を4段階で評価します。

レベル1：Reaction（反応）……アンケートなどの満足度
レベル2：Learning（学習）……テストなどの学習到達度
レベル3：Behavior（行動）……他者評価などによる行動変容
レベル4：Results（業績）……業績向上度合い

　本書の3ステップもこのモデルと一部重なりますが、3つめのステップはこのモデルには含まれていません。しかし、実務に照らした場合、「効率的に動く」のステップは必須であり、ゆえに図3-4の体系の一部として整理しています。

3-4. 人が「何かができるようになる（Enable）」までのステップ

イネーブルメントプログラムの4つの柱

イネーブルメントではこの3ステップを大前提とし、それを促すためのプログラムを提供していきます。

1の「学習する」では、「プログラム1：トレーニング」を提供します。クラスルーム形式のトレーニングやE-Learning、外部のトレーニングプログラムなどが該当します。

2の「実践・適用する」では、「プログラム2：コーチング」を提供します。学習して実践してみたことが本当に機能しているのかをマネージャーなどが第三者的に見て改善を促していくという位置付けです。

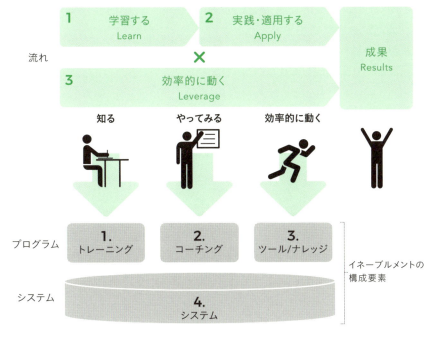

3-5. イネーブルメントプログラムの柱

3の「効率的に動く」では、1と2の実現に必要な営業の「プログラム3：ツール／ナレッジ」を提供します。パフォーマンスを出している営業の資料などを標準化／テンプレート化してすぐ使える武器として提供します。

こういった各ステップのプログラムと合わせてもう1つ、各ステップでの実施状況を記録したり可視化したりする「柱4：システム」が加わります。これらがイネーブルメントの構成要素となります。

育成をスケールさせる3要素

これら4つのプログラムの柱には、育成をスケールさせる要素が反映されています。

会社の規模が小さいときは、マネージャーによる個別指導や対面形式のトレーニングが効果的な育成方法かもしれません。個別性、実用性が高ければ高いほど有効です。

しかし会社が大きくなり、拠点も増えて地理的に距離が広がってくると、そればかりでは育成しきれなくなってきます。

トレーニングを中心とした人材育成から、少し視野を広げて、どうすれば効果的な育成ができるのかという観点でイネーブルメントの仕組みを見直す必要があります。

「育成をいかにスケールさせるか」というのは、私が前職セールスフォースで最も考えたことの1つです。

スケールさせるとは、「可能な限り質を維持しつつも、投入リソースを最小限に抑えながら効果を広げていく」という意味です。

急激に会社が成長し、毎月のように新しい社員が入社し、取り扱う製品も買収などで増える中、イネーブルメントメンバーをプロフィットセンターである営業社員の増加と同じ割合で増やすわけにはいきません。

育成を効果的に進め、広げるためには、ポイントとなる「3要素」（次ページ図の右側）があります。

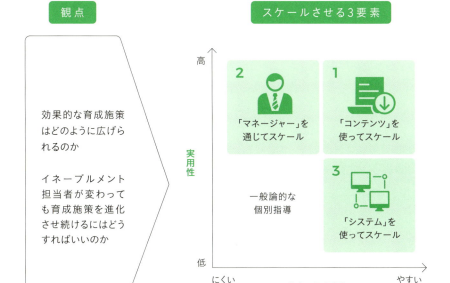

3-6.「育成をスケール」させる3要素

　縦軸に「育成プログラムの実用性」、横軸に「共有のしやすさ、広がりやすさ」をとります。
　左上から見ていきましょう。「実用性は高いが他組織に広がりにくいもの」は、マネージャーを通じたアドバイスです。マネージャーのアドバイスは実経験が伴いとても実用的ですが、すぐに他部門に展開しようと思っても難しいでしょう。アドバイスを聞いた営業本人には一番伝わりますが、共有されなければ効果はありません。

　次に右下を見てください。「それ自体の実用性は低いが、広がりやすい」という点で優れているのはシステムの活用です。そこに乗せるコンテンツ次第では、国をまたいでどんどん広げることができます。E-Learningがこの代表例です。国土の広い海外では、Face to Faceの講義形式のトレーニングは移動コストが高いため、テレビ会議形式やE-Learning形式で学習が進められることがほとんどです。

次は右上です。「実用的な中身もあってシステムなどを使って流用しやすいもの」という点で優れているのは、コンテンツです。

例えば、提案書のテンプレートや競合対策資料などです。成功した営業のノウハウを体系化して、いつでも見られる状態にしておくことで、実用性と広がりやすさを兼ね備えたものを提供できます。

最近は、「資料をつくってシステムに保存し、都度営業がダウンロードして客先に持っていく」という形態ではなく、「モバイルデバイスを使って最新の電子カタログを顧客に提案し、閲覧時間やクリック数を分析することで、顧客がどこに興味を持ったかを直接把握できる」といったソリューションも出てきています。

最後は、左下です。実用性も広がりやすさも低いものは、実務に即していない個別指導です。あまりないとは思いますが、例えば、「業務を理解していない上司が個別指導形式で時間をかけて部下をトレーニングする」というのは効果もなければ広がりもないということになります。

少し細かく見てきましたが、「コンテンツを使って広める」「マネージャーを使って広める」「システムを使って広める」の3要素を掛け算することによって、会社の規模が大きくなり人が増えたとしても、効率的に育成をスケールさせていくことが可能になります。

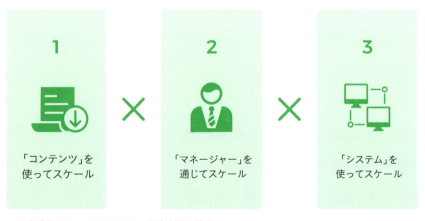

3-7. 育成をスケールさせるには、3要素を掛け算する

イネーブルメントは、まさにこれらの要素を散りばめて、効率的に成長を促す育成プログラムを提供します。
　1の「学習する」でいうと、ハイパフォーマーが実践しているノウハウをトレーニング「コンテンツ」として体系化してスケールさせていきます（スケール要素の「コンテンツ」をトレーニングで活用）。
　2の「実践・適用する」では、マネージャーが「コーチングプログラム」で現場を指導していきます（スケール要素の「マネージャー」をコーチングで活用）。
　3の「効率的に動く」では、できる営業が使っているツールやナレッジを「コンテンツ」として体系化して提供していきます（スケール要素の「コンテンツ」をツール／ナレッジで活用）。
　そして、システムにコンテンツを乗せ、システムで進捗状況を記録し、管理するといった形で育成をスケールさせていきます。
　複数の要素をうまく散りばめ、何か特定のトレーニングに依存するとか、特定のマネージャーがいなくなったら困ってしまうというリスクを排除できる仕組みになっています。

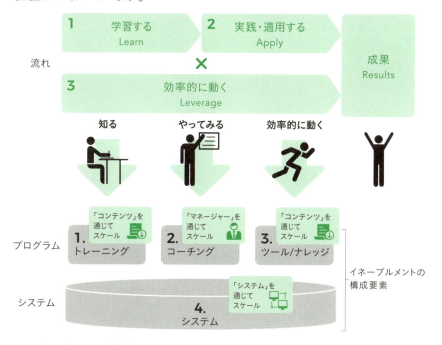

3-8. イネーブルメント=「育成をスケールさせる仕組み」を提供

イネーブルメントで使う
コンテンツのつくり方

イネーブルメントの育成プログラムで使うコンテンツは、日々の現場の営業活動から抽出しましょう。**可能な限り、高い成果をあげている営業を情報の仕入れ先にします。**

外部のコンテンツを使う選択肢もありますが、自社のカルチャーに最も合うものは自社内にあるので、自社のデータを分析して、それを体系化して、展開するというアプローチをとります。例えば、以下のようなものです。

・新製品を初めて売った際の営業資料や打ち合わせ資料
・勝率の低い競合企業を打ち負かした際の営業の進め方
・商談化率80％の初回訪問資料

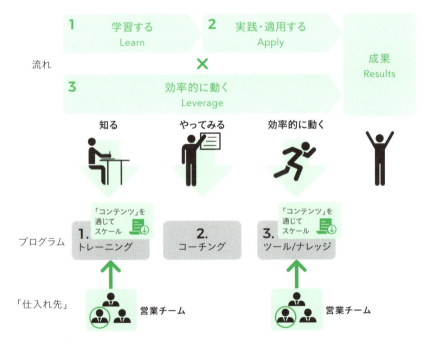

3-9. プログラム／コンテンツの「仕入れ先」

作成の流れは、下図のようになります。

　最初に、営業コンテンツのテーマが何かを決めます。ここでは、SFAのデータ分析や営業マネージャーとの議論を通じて育成テーマの優先順位を決めます。例えば、営業全体で見込み客に比例して案件数が増えていないのであれば、営業の初期フェーズでの案件化がテーマとなります。また、新製品を発表したのに製品の案件数が期待ほど伸びていないのであれば、新製品の案件化がテーマとなります。このように極力、データに基づいてテーマを設定していきます。
　次に、そのテーマに関するベストプラクティスの情報収集です。SFAやCRMデータを分析し、うまくいっている人、指標が良い人たちを特定します。データがない場合は、営業マネージャーやマネジメント層に確認します。極力、データに基づいて対象者を決めるのが望ましいです。そのコンテンツを展開する際にその有効性を数値で示すことができるからです。

　情報収集をした後は、実際に他の営業も使えるコンテンツやツールに仕上げます。トレーニングの場合は、トレーニングコンテンツとして整理します。
　その後、実際にコンテンツを提供し、営業現場からの評価をもとにクオリティをブラッシュアップしていくというサイクルを回していきます。

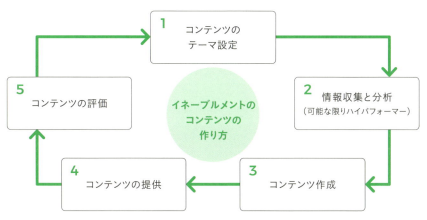

3-10. イネーブルメントコンテンツの作り方

イネーブルメントの循環サイクル

　コンテンツのつくり方の概要をお伝えしましたが、何度か述べたとおり、コンテンツの仕入れ先は社内です。イネーブルメントが回り始めると、下図のイメージになります。

　起点は、やはり営業です。日々たくさんの営業チームがお客様にさまざまな提案をしています。営業チームにいるハイパフォーマーがやっていることは何なのかという観点で分析・集約・体系化してプログラムにします。

　そのプログラムは、場合によってはトレーニングやツールなどのコンテンツかもしれませんが、それらを他の人が使えるかたちにして、また現場に戻すというサイクルを回すというのがイネーブルメントのプログラムの運用のイメージです。

営業を起点に体系化された社内ベストプラクティスやコンテンツが
流通し、営業生産性向上に貢献

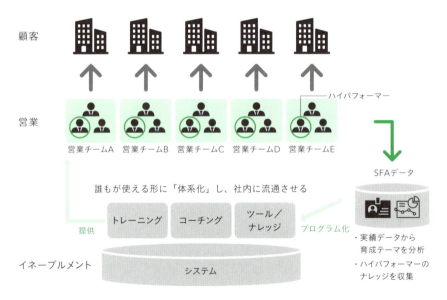

3-11.イネーブルメントが社内で循環しているイメージ

続いてデータ分析、抽出からプログラムをつくるまでの流れを少し詳しくお話ししましょう。
　例えば、特定の競合に負け続けている、成約率が落ちているといったケースがあったとしたら、SFAのデータから成約率の高い人を見つけます。うまくいっている人は誰なのか、どの案件なのかが特定できます。
　強化したいポイントのハイパフォーマーがわかったら、その人に直接話を聞きに行きます。「なぜ勝てたのか」「そのときに使っていた資料は何か」「どういうトークをしたのか」などインタビューで得た情報をまとめ、他の人も活用できる成約に至るまでのノウハウとして形にしていきます。
　このような仕組みがあれば、**特定のトレーニングだけに頼るのではなく、実務ベースで複数の営業強化のプログラムを回していく**ことが可能になってきます。「実際の営業成果を起点に育成施策を体系化し、それらを現場に循環させて効果を検証していく」というのがイネーブルメントのコンセプトになってきます。

ハイパフォーマーはイネーブルメントに協力するのか？

　多くの企業と議論をする際に必ずといっていいほど出てくるテーマがこれです。
「ハイパフォーマーは自分のノウハウを出したがらない。彼らが協力する理由は何か？」
「ハイパフォーマーが協力するよう、人事評価に反映しているのか？」
「トレーニングを受ける側のメリットはわかるが、ハイパフォーマーのメリットはどこにあるのか？」
「これは企業文化の違いですね。うちの会社には合わないです」
　どれも非常に理解できるものです。
　しかし、実は、ハイパフォーマーにとって大きなメリットが2つあります。

メリット① 自分のノウハウが体系化・言語化される

　イネーブルメントは、現場に眠っているノウハウを体系化・コンテンツ化して現場に提供します。体系化・言語化のプロセスの中で、「なぜ自分は売ることに成功しているのか」が整理されてきます。無意識にやっていたことの理由や因果関係が整理されてくるのです。
「これまで人には説明できませんでしたが、イネーブルメントチームのインタビューを通じて自分の営業活動が整理できて"スッキリしました"」
　このようなフィードバックは私も何度も耳にしています。自分の経験が体系化・言語化され自己認識できるようになるため、本人にとっての学習効果は極めて高いのでしょう。

メリット② 他の営業チームからも声をかけられ、情報が集まるようになる

　イネーブルメントではできる限り社内のハイパフォーマーのノウハウを体系化してトレーニングを提供します。提供する際、コンテンツのもととなった「ハイパフォーマーが誰か」を紹介します。例えば、以下のような流れです。
「今日のヒアリング研修は、第一営業本部の田中さんをはじめ、5名の皆様のノウハウを体系化しました」
「今日の提案書研修は、製造営業部の佐藤さんの提案書のフレームを参考にしています」
　受講者は、ここで初めて田中さんや佐藤さんのノウハウに触れます。そしてこのコンテンツが受講後、田中さん、佐藤さんとの会話の接点になります。
「先日、田中さんのノウハウをトレーニングで学ばせていただきました。日頃意識しない視点が盛り込まれていて勉強になりました。ありがとうございました。ちょうど佳境を迎えている提案があるので、うまくいったら情報共有させてください」
「先日学んだ佐藤さんの提案書フレームを使ってお客様に提案したら受注できました。今度共有させてください」
　このような会話が実際に生まれます。第4章で紹介するNTTコミュニ

ケーションズは、まさにハイパフォーマーのノウハウを共有するプログラムを最初に展開し、その後イネーブルメントが立ち上がった最高の事例です。何もしなければ情報が流れない状況において、イネーブルメントは「情報流通のハブ」となってベストプラクティスを循環させる役割を担います。

求めるハイパフォーマーが社内にいない場合

イネーブルメントは社内のハイパフォーマーをモデルにプログラムを開発していきますが、そのモデルが社内にいない場合、以下の観点から「自社が目指す仮のモデル」を設定してプログラム開発していきます。

・経営マネジメント層が求める方向性
・類似業界／ベストプラクティス企業の取り組み
・期待行動に比較的近い社内営業パーソンの行動

この場合は「仮のあるべきモデルを設定」→「イネーブルメントプログラムを開発して現場に提供」→「営業活動での実践」→「仮のモデルの検証と修正」→「自社にフィットするプログラムにチューンアップ」……というサイクルを回していくこととなります。

自社にハイパフォーマーモデルがないわけですので、「意図して作り上げていく」というプロセスが必要です。

ラーニングカルチャーの醸成

ノウハウがプログラム化され継続的に提供されるようになると、ラーニングカルチャー（学び合う文化）が生まれてきます。ノウハウを抱え込むよりも、互いに共有することのメリットを感じるようになります。

ここでのポイントはプログラムを**「継続的に提供する」**ということです。単発トレーニングでは効果がありません。

例えば、「今日はハイパフォーマーであるXさんの事例からコンテンツをつくりました」と毎回のように言い続ける必要があります。これを半年間続けるだけで変わってくるでしょう。。
「そういえば、先日のトレーニングでXさんの資料が共有されてましたよ。コンタクトしてみたらいかがですか？」
「そのテーマはYさんが得意です。今度お声がけしてみてください」
　このようなインタラクション（相互作用）がいろいろな営業チームで出てくるようになってきたら、成功に近づいているといえるでしょう。
　NTTコミュニケーションズは成功事例勉強会（シェアリングサクセス）を実施する際、ハイパフォーマーの「社内ポスター」を作って認知醸成するなど、クオリティにこだわってプログラム運営をしていました。
　以上、ここまでがイネーブルメントの構成要素の話です。
　このセクションを簡単にまとめると以下のようになります。

- **成果までのステップ（社員がイネーブルするステップ）に沿ってイネーブルメントのプログラムの柱が4つある**
    柱1：トレーニング
    柱2：コーチング
    柱3：ツール／ナレッジ
    柱4：システム
- **育成がスケールする要素は3つある**
    スケール要素①：コンテンツ
    スケール要素②：マネージャー
    スケール要素③：システム
- **イネーブルメントプログラムは、上記の「プログラムの4本柱」と「スケールする3要素」を組み合わせて構成される**
- **イネーブルメントで作成するコンテンツは可能な限り社内ハイパフォーマーからの情報をもとにする**
- **イネーブルメントが回り始めると、イネーブルメントを起点に体系化された社内ベストプラクティスやコンテンツが流通するようになる**
- **イネーブルメントのプログラム提供は、「ラーニングカルチャー醸成」にも貢献する**

イネーブルメントプログラムの具体例

　ここからは、イネーブルメントプログラムの具体例について解説します。特にトレーニング、コーチング、ツール／ナレッジとはどういうもので、どのように提供するのかについて示していきます。

●イネーブルメントトレーニング

　営業向けのトレーニングには大きく2つのタイプがあります。「オンボーディングトレーニング」と「営業トレーニング」です。トレーニングの枠組みについて説明しましょう。

1　オンボーディングトレーニング（立ち上がりのためのトレーニング）

- 対象：新卒／中途社員、他部門からの異動
- 期間：入社〜1カ月前後
- 目的：入社／配属後に営業現場に出たときに必要な最低限の知識スキルの習得

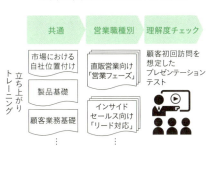

2　営業トレーニング（最新の売り方/売りモノを理解するトレーニング）

- 対象：全営業
- 期間：随時
- 目的：最新の売り方／売りモノの理解

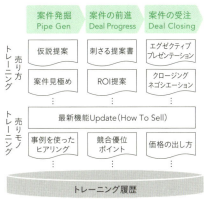

3-12.イネーブルメントトレーニング

●立ち上がりを早める「オンボーディングトレーニング」

　図3-12の左側のオンボーディングトレーニングとは、入社後の立ち上がりのためのトレーニングです。
　新卒社員や中途社員、あるいは他の部門から営業に移って営業自体が初めてという人を対象にしたもので、実施期間は会社によってさまざまですが、数週間〜1カ月間ほどの時間をかけて行うトレーニングです。
　目的は、入社、配属後に営業現場に出たときに必要な最低限の知識やスキルを身につけることです。あれもこれもとあまり欲張らず、動くにあたって本当に必要なことだけをコンパクトにまとめて提供するのがオンボーディングトレーニングになります。

　図3-12の左側の「共通」とあるのは、全員が受けるものです。
　Company History（会社の成り立ちや初期のビジョン）は何か、自社の市場における立ち位置はどこなのか、製品のコンセプトや強みはどこにあるのか、お客様の業務はどういうふうに流れているのかなど、その会社の営業であれば全員が知っておかなければならないことを学びます。

　次に、「営業職種別」を見てください。
　ここでは直販営業とインサイドセールスに分けていますが、営業内でも職種が分かれていたり、あるいは大手担当、中堅中小担当などと分かれていたりします。動き方に違いがあるのならば、職種別、担当別に分けてトレーニングをしましょう。
　例えば、直販営業で入社した営業社員向けには、「営業フェーズの考え方」「アカウントプランのフレームワーク」「提案書の構成」などです。
　インサイドセールスであれば、「リード対応の仕方」「コール前準備の概要」「コールオペレーションの手順」などです。
　トレーニング後、現場に出て必要になる最低限のテーマに絞ってコンパクトにインプットします。

　最後は、「理解度チェック」として、インプットしたものをアウトプットして、どの程度身についているかを確認します。テストという形式もあるかもしれ

ませんし、グループワークや、ロールプレイでのプレゼンテーションをさせてみるというケースもあります。

そして、これらのトレーニングの履歴をシステムに登録していく。以上がオンボーディングトレーニングの概要です。

よくあるのは、「こういったトレーニングのコンテンツはあるのだけれども、バラバラで体系化されていないので、本当に伝えなくてはいけないことを伝えきれていない」というケースです。

また、「インプットはするのだけれども、本当に理解しているかどうかをアウトプットや理解度チェックで確認していないので、現場に出たときのレベルにバラつきが出てしまう」というケースもあります。

形はどうであれ、立ち上がりの早期化という目的を明確にした、インプットからアウトプットまでのトレーニングを設けるだけでとても効果があります。特に、中途社員がどんどん入ってくる成長企業は、まず入り口をきちんと整備するだけでも立ち上がりが大きく変わってきます。

●最新の売り方・売りモノを理解する体系的な「営業トレーニング」

図3-12の右側の「営業トレーニング」は、既存の営業向けのトレーニングです。全営業を対象とした、特に最新の売り方と売りモノ、この2つを継続的にアップデートするためのトレーニングです。

ここでの「売り方」は、営業スキルを指します。会社によって営業のプロセスがあると思います。案件をつくり、前に進めて受注するという流れの中で、それぞれ求められるスキルが違うと思いますので、それを体系的に理解するためのトレーニングです。

例えば、以下のようなものです。
- **本当に追うべき案件かどうかを見極めるための「案件見極めトレーニング」**
- **潜在ニーズを顕在化させるための「ヒアリングトレーニング」**
- **初回訪問前に顧客課題を想定するための「仮説立案トレーニング」**
- **コンサルティング型の提案書をつくれるようにするための「提案書トレー**

ニング」
- 複雑なプロジェクトを前進させるための「プロジェクトファシリテーショントレーニング」

　売りモノについては、扱っている製品・サービスについて最新の情報をアップデートします。「新製品が出ました」「新しい機能が加わりました」ということを営業に伝えれば売れる製品であればいいですが、複雑な製品についてはそうはいかないので、「新製品、新機能をどう売ればいいのか（How to Sell）」ということまで落とし込みます。
　例えば、事例を使ったヒアリングの仕方や、競合優位のポイントを商談の中でどう訴求すればいいのか、最終段階で価格をどう出せば価値を感じてもらえるのかといった、その商品を売り込むための具体的な方法をトレーニングします。

　その他、以下のような工夫も考えられます。
- 3C（Customer：顧客、Competitor：競合、Company：自社製品）を柱としてコンテンツを提供する
- 製品・サービスの理解（インプット）だけでなく、デモやロールプレイ（アウトプット）をセットにしてプログラムを構成する
- 製品・サービスを実際に購入した顧客にスピーカーとして来てもらって、勉強会を開く

　売り方・売りモノを理解するという観点で営業に体系的なトレーニングをしている会社は、製薬業界が比較的進んでいるようですが、一般的には非常に少ない印象です。
　こういったプログラムとトレーニング履歴をシステムで管理し、誰がどんな学習をしているのかがわかる状態にしておくことで、育成プログラムが確実に前に進みます。

●イネーブルメントコーチング

　イネーブルメントプログラムのコーチングについて説明しましょう。
　営業現場のメンバーが習得した知識・スキルをきちんと実践できているかどうかを、客観的な視点で気づかせること、もしできていなかったら、できるように仕向けていくこと、これがここでのコーチングの目的です。

　コーチングは、ティーチング（教えること）とは異なります。コーチングでは、営業パーソン自身にある程度知識や経験があることが前提になります。知識や経験はあるが、第三者からの「問い」を通じて自ら新しい気づきを得て、新しいアクションを繰り返しながら行動を変えていくプロセスです。
　コーチングは、イネーブルメントチームが営業担当に対して直接行うケースもありますが、支援する営業の人数が多い場合、圧倒的にリソースが足りません。先ほどの「育成をスケールさせる3要素」で見たとおり、「営業マネージャー」を通じてプログラムを提供します。

　このとき、営業マネージャーには、2つの重要なコーチングスキルが求められます。
　1つは、**商談を的確に理解してコーチング**ができること、もう1つが、**営業担当者のスキルレベルに応じたピープルコーチング**ができることです。
　商談の理解だけで進めようとすると、往々にして数値のレビューになってしまい、「この商談はどこまで来てるの？ だったらこれを次にやっておいて」という指示になりがちです。これではコーチングになりません。
　一方、ピープルコーチングだけだと、人事評価的なコーチングになって実務から離れてしまいます。
　「実商談をどう進めればいいのかを知りたい」という営業現場のニーズからすると、**商談を読み解く力と、担当者のレベルに応じた的確なコーチングができる力**の両方が必要です。
　これができるように営業マネージャーを仕向けていくのがイネーブルメントの役割といえます。

3-13. コーチングの目的

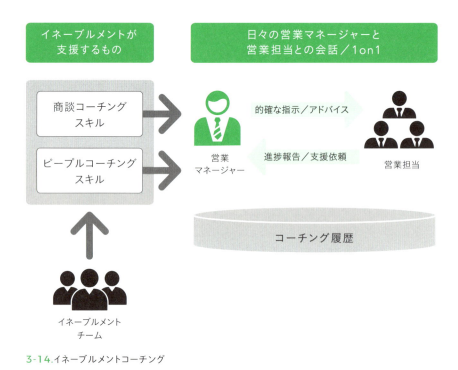

3-14. イネーブルメントコーチング

グループコーチングで
マネージャーをフォロー

　イネーブルメントチームは営業マネージャーに、コーチングの意味や考え方を教え、やり方をトレーニングしてスキルアップを図ります。
　そして、習得したコーチングスキルを実践してどういう反応があったかについて、数名のマネージャーを集めてグループコーチングをします。

　定期的に集めて、学んだことが実践できているのか、うまくいったマネージャーはどういうやり方をしているのかなど、学んだことを振り返り、新しいノウハウを吸収して現場で実践できるようにマネージャーをフォローします。

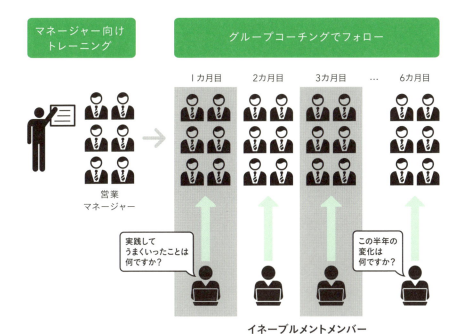

3-15. グループコーチングでマネージャーをフォロー

育成テーマに応じて、コーチ役を変える

　先ほど、イネーブルメントコーチングは営業マネージャーを通じてプログラムを進めるということをお話ししました。
　しかし、現実には以下のような理由から営業マネージャーがコーチ役をやらないほうがいい場合も考えられます。

【コーチ役を変えたほうがいいケース】
・「マネージャーと部下」という上下関係を営業が意識してしまい、コーチングの内容が業務指示として受け止められてしまう
・マネージャー自身が担当の営業領域に対して知見を持っていない(異動や社歴が浅いなどの理由により)

　これらは、現実的にあり得る話です。
　そこで、育成テーマに応じてコーチ役を変えることをおすすめします。
　例えば、新しい営業メンバーの入社後の立ち上がりのコーチングは従来通り営業マネージャーが担います。営業として一人前に動いてほしいというレベル感は何より営業マネージャーが持っていますし、他の部下メンバーを立ち上げた経験を生かすことができます。
　一方で、新しい営業スキルを習得する必要がある場合などは、それが得意な「他のチームのハイパフォーマーや先輩営業」をコーチ役としてつけます。

　実務的な観点は、日々営業活動をしている社員のほうが理解しています。上司部下の関係を超えて、他チームから学ぶ良い機会にもなります。
　営業マネージャーが全てをできるに越したことはありませんが、場合によっては他チームがいいこともあります。**イネーブルメントチームの役割は、育成の目的に応じてプログラムの適切な建て付けを考え、関係者の同意を得てプログラムを推進していくこと**にあります。

| オンボーディング
コーチング | 新しい営業スキルの
習得 |

テーマ：
入社後の立ち上がりの支援

テーマ：
新しい営業スタイルの習得

コーチ役   営業　　　コーチ役   営業

直属の
営業
マネージャー

他チームの
ハイパフォーマーや
先輩営業

3-16.育成テーマに応じてコーチ役を変える

イネーブルメント
ツール／ナレッジ

　それでは、次に営業の武器となるツール／ナレッジについて説明しましょう。

　現場には、生産性を上げるための営業資料やノウハウがたくさんあります。ツール／ナレッジをイネーブルメントが提供する目的は、「社内の売れる知見を活用して営業が生産性高く営業活動を進めるため」です。

　つまり、**「すぐ使える武器を提供する」**ことに主眼を置きます。

　社内にはたくさんの情報や資料がある一方で、資料をダウンロードしてそのまま使えるツールやコンテンツは多くありません。抽象度の高い製品概要資料は顧客の理解度に合わせて噛み砕いて具体化する必要がありますし、事例の紹介も顧客の業態に合わせて変更する必要があります。

セールス・イネーブルメントの構築法

案件に関連する資料が見つかればまだいいほうで、欲しいコンテンツがない場合は、電話やメールでそれを知っていそうな社員にコンタクトすることになります。多忙な営業にとっては、コンテンツやツールに費やしている時間を最少化する必要があります。

ツール／ナレッジ提供における
イネーブルメントチームの価値

　イネーブルメントチームは、営業組織横断で各営業チームを見る立ち位置にあります。この立ち位置を最大限に活用します。
　次ページの図3-17をご覧ください。右上の①からスタートし、右下②に行き、真ん中の③につながるフローがイネーブルメントのツール／ナレッジの提供の流れです。

　情報収集は「どのような資料やノウハウを横展開したら営業組織全体がもっと効率的に動けるようになるか」という観点で行います。
　収集したものをそのまま横流ししても、他の人は使えませんから、誰もが使いやすい形にしましょう。
　例えば提案書をテンプレート化したり、雛形にしたりして、カテゴリーごとに整理します。**「体系化」というイネーブルメントの価値がここで発揮されます。**最終的には、「製品別」「業界別」「課題テーマ別」など、細かいカテゴリーで整備されることになりますが、相当の時間を要しますので、営業の育成テーマに応じて優先順位をつけていきます。

　収集して形になったツールやコンテンツを提供するチャネル（手段）は、大きく2つに分けることができます。社内ポータルなどのシステムを使って共有する「オンライン」でのやり方と、Face to Faceの勉強会などを通じて提供する「オフライン」でのやり方です。実際は、両方の手段をミックスで使うことが多いでしょう。

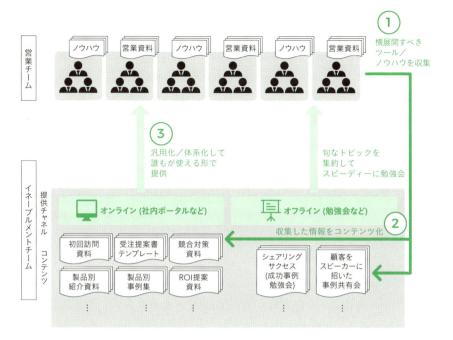

3-17. イネーブルメントのツール／ナレッジ

ツール／ナレッジ化の例

上記の①から③の流れを、例を用いてイメージしてみましょう。
例えば、「5億円の大型商談」を営業Aさんが受注したとします。
どの営業も「どのようにして受注したんだろう⁉」と興味を持ちます。
　普通であれば興味を持つだけで、個人的に話を聞きに行かない限りは個人の暗黙知として終わりになります。

　イネーブルメントチームは、ここから関与します。
　まず、SFAやCRMの情報を見て、トップ商談を把握します。営業情報がSFAやCRMできちんと管理されている会社であれば、ここは比較的簡単に分析できます。イネーブルメントは営業を支援する機能ですので、営業と同じ情報にアクセスできるようにしておきましょう。

セールス・イネーブルメントの構築法

次に、この「5億円の大型商談」の中身の理解にとりかかります。
　例えば、「営業全体で共有すべき内容かどうか」「営業組織全体にとってどのようなメッセージがあるか」「どのようなツールやコンテンツに落とせそうか」などです。システムに記録されている情報を見ると同時に、営業担当のAさんにも話を聞きに行きます。

　話を聞いて営業全体に共有すべきであると判断したら、ツール化・コンテンツ化の作業を進めます。
　例えば、提案資料をもらってテンプレート化したり、営業活動の初期フェーズに絞ってケーススタディを作成したり、営業活動全体を成功事例として勉強会を企画したり……など、扱うテーマに応じてアウトプットを企画していきます。

　また、場合によってお客様に直接聞いてみたほうがいいと思えば、お客様を招いて、「なぜ買ったのですか?」「他社と何が違いましたか?」とインタビューする場を設定して、ノウハウ、旬なトピックを紹介し、共有する場を提供します。

　オフラインでツール／ナレッジを提供した場合は、その情報は必ずオンライン（システム）に保存し、誰もがアクセスできる状態にして共有します。ここでのイネーブルメントチームの成果は、提供したコンテンツやツールの利用率、オフラインの場合は参加率などで測っていきます。

　このように、サイクルを回すのがツール／ナレッジの提供です。
①横展開すべきツール／ノウハウを収集する
②収集したものをコンテンツ化する
③汎用化／体系化して誰もが使える形で提供する
④利用率や参加率で効果を測る

　ちなみに、営業チームに提供するツール／ナレッジはイネーブルメントチームだけにあるわけではありません。マーケティングチームやエンジニアチーム、顧客サポートチームなどに幅広く存在します。したがって、イネー

ブルメントは関連部門と連携してコンテンツ管理を進めていく必要があります。

　特に、「数年前の古い情報が残ったまま」「販売終了の情報が残ったまま」などの事象が出てくると、営業からすると「あまり更新されていないから、もう検索するのはやめよう」という心理が働き、ツールやコンテンツの利用率が低くなってしまいます。
「誰が、どのくらいの頻度で、情報を更新するのか」をあらかじめ取り決めておく必要があります。

　ここまで見てきたように、オンボーディングトレーニングと営業トレーニングの2タイプのトレーニング、マネージャーを介してレバレッジをかけたコーチング、現場に落ちているノウハウを体系化してコンテンツとして展開していくツール・ナレッジの提供、これらが実際のイネーブルメントプログラムの例です。

　何度かお話ししましたが、営業組織が効率的に動けるようになるヒントは自社の営業現場に眠っています。
　しかし、自己流のやり方でうまくいかず、他の人が成功している方法を知らなければ、ムダな動きが多くなってしまいます。SFAのデータから、何をすればいいのかはわかります。それを生かして営業の各人が、「どうすればうまくできるのか」と考えて定着させるのがイネーブルメントプログラムです。

「やってみて、改善する」というサイクルを回し、その状況を可視化して定着を促す。営業の動き方からどんどんムダな動きがそぎ落とされていき、営業組織全体が筋肉質な組織に変化していきます。
　次からは、具体的にどのような手順でイネーブルメントを構築していけばいいかについて見ていきましょう。

イネーブルメント構築の手順

イネーブルメント構築のための手順をお話ししましょう。
一足飛びにコンテンツやトレーニング開発に着手すればいいというわけではありません。
全体像は5フェーズに分かれます。

イネーブルメントは「期間限定の部門横断プロジェクト」ではありません。最終的に、組織の一機能として、営業全体のオペレーションの一部として位置付けられていく必要があります。

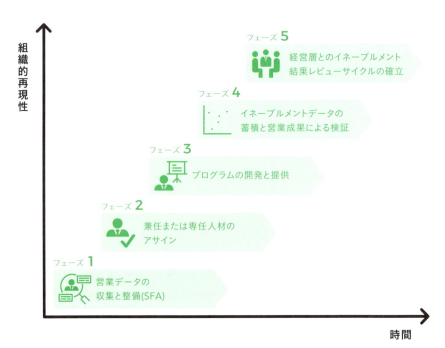

3-18.イネーブルメントの構築手順（全体像）

イネーブルメント構築の5フェーズ

フェーズ1は、**営業データの収集と整備**です。「イネーブルメントの育成の起点は成果である」と何度もお伝えしてきましたが、その起点となる求めるべき営業成果を明確にするために、データを収集し、整理するのが第1段階です。

端的には、SFAやCRMツールを活用して営業活動データを蓄積します。これがなければ、なぜそのトレーニングをするのか、なぜそのツールを提供するのかという定量的な裏付けができません。

フェーズ2は、**兼任または専任人材のアサイン**です。イネーブルメントに取り組むと決めても、では誰がその仕事を担当するのか。**イネーブルメントの推進役がいないと空中分解**してしまいます。

イネーブルメント構築の最初の関門はここです。「イネーブルメントはすごく良さそうなので、やってみよう」と決めたはいいが、役割が曖昧であったり（営業支援の何でも屋になるなど）、十分な予算や権限が付与されず社内で動けなくなったりして、途中で取り組みが終わってしまうことがあります。

また、どのようなスキルセットを持った人材がこのポジションを担うべきか、というのも重要になります。これについては、次章の事例企業の解説でも取り上げます。

フェーズ3は、**イネーブルメントプログラムで提供するトレーニング、コーチング、ツール／ナレッジの開発と展開**です。これは、この前のセクションで見た内容です。

フェーズ4では、**イネーブルメントプログラムを提供した結果、どのような営業成果に結びついているのかを検証します**。KPIの設定やシステムでどのようにトラッキングするかがポイントになってきます。

フェーズ5は、**イネーブルメントプログラムの成果を経営層に報告・確**

認し、取り組んだ施策の結果がどうだったのか、次に取り組むべきテーマが何かについて検討します。PDCAサイクルを回し、経営層も巻き込むことによってイネーブルメントを組織に根付かせていきます。

以上が、イネーブルメント構築に向けた全体像の概略です。次からはそれぞれ詳しく見ていきましょう。

フェーズ1：営業データの収集と整備

フェーズ1は、営業データの収集と整備です。

次ページの図表には、イネーブルメントのオーナーシップを持つのは誰なのか、どんなプログラムを提供するのか、営業チームでどういったことをやるのか、という3レイヤーの状況を書いてあります。

フェーズ1では、経営層がSFAやCRMを使って営業活動管理を徹底することを宣言し、それに基づいて、営業管理が日々実践されている状態です。

この段階では、何か特定の育成プログラムがあるわけではありません。データを使った日々の運用が営業活動をブラッシュアップする活動の代わりになります。

SFAを導入したが「なかなかSFAが活用されない」「データが溜まらない」といった課題を抱える企業がたくさんあります。SFAとイネーブルメントを組み合わせて中長期的に営業強化を全社で推進していく、というメッセージが出せれば非常に新しいアプローチになりますが、イネーブルメントというコンセプト自体が新しいので、ここではSFA活用の肝を3点お伝えします（図3-20）。これは第2章の内容とも関連します。

1つめは、第2章の内容と同じです。

重要なので簡単に振り返ると、案件をいただいてから受注までのフェーズをお客様の意思決定プロセスの視点で設定するということです。

自社視点だと、「問い合わせを受けました⇒ヒアリングしました⇒提案し

イメージ

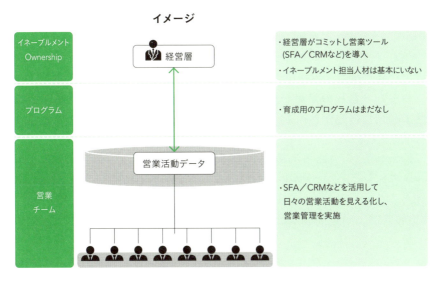

3-19. イネーブルメントの構築手順 フェーズ1：営業データの収集と整備（SFA）

下記3点を実践することで顧客視点で期待行動とのギャップが可視化していく

1 顧客の意思決定プロセスに沿って営業フェーズ設計をする

2 ハイパフォーマーのベストプラクティスや会社が期待する営業行動を項目設計に盛り込む

3 営業マネージャーがDashboardを使って営業マネジメントをする

見るべきは、「営業が何をやったか」ではなく、「顧客の意思決定を促す適切な行動がとれているか」

成果をあげている営業の活動項目を集約して画面に反映する。項目数は必要最低限に絞る

データを使って営業マネジメントをする。エクセルを極力使わずリアルタイムデータで会話する

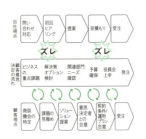

3-20. SFA活用の肝

セールス・イネーブルメントの構築法　121

ました⇒見積もりを出しました⇒受注しました」という流れになりますが、「見積もりを出したからといってお客様の意思決定が進むとは限らない」ということはすでにお伝えしたとおりです。顧客視点から見た、お客様の意思決定に即した適切なことをやらなければ受注にはつながりません。

　つまり、**「自社の営業が何をやったか」ではなく、「顧客の意思決定を促す適切な行動がとれているか」が浮き彫りになるフェーズ設計をしなければならない**のです。

　最初のフェーズ設計の段階で顧客視点とズレているケースが見られますので要注意です。ここを正すだけでも、営業活動の精度が上がります。

　2つめは、営業活動を管理する項目設計です。

　例えば、「自社の営業はソリューションセールスをやらなければいけない」「ビジョンセールスができなくてはいけない」と言ってはいるものの、実際の案件管理では「見積もりを出したか」などのチェック項目で管理していたら、いくら声高にあるべき姿を言っても日々のオペレーションで担保されません。

　会社が営業に期待する行動を項目化して、実際の案件でそれができているかどうかをチェックできる内容にする必要があります。

　3つめは、マネージャーがリアルタイムでデータ管理をすることです。せっかく高価なSFAを入れても、データをエクセルにダウンロードして、エクセルで集計・管理しているようでは意味がありません。SFAのDashboard機能では分析できない集計は別ですが、基本的な営業指標はSFAで管理可能です。実はそれだけで十分であることが多いのです。

　重要なのは、**「刻一刻と案件ステータスが変わる状況に対してリアルタイムに把握してコーチングする」**ということです。

　特に営業マネージャーがリアルタイムにデータを使ってマネジメントをしないのであれば、いくらSFAを使えと言っても誰も使わないでしょう。そして、SFAが使われなければデータは溜まりませんので、イネーブルメントに必要なデータ整備も進まないということになります。

　以上がフェーズ1の営業データの収集と整備です。

フェーズ2：兼任または専任人材のアサイン

　データもそろってきた、組織も大きくなってきたという状態になると、誰かイネーブルメントの担当者を置こうかという段階になります。

　イネーブルメントの専任担当者を置ければそれに越したことはありませんが、人的・コスト的な問題があって、最初は兼任を選択する企業がほとんどです。営業企画であるとか営業推進といった経営補佐的な立場の人が、育成の一要素としてカバーすることが多いといえます。

　この立場の場合、営業活動データが見えるので、例えば、競合に負けているのを何とかしようとなったら単発で競合対策トレーニングを行うとか、なかなか案件がつくれない場合の対応として、案件開拓用の初期の資料をつくるという形で進んでいきます。

　このフェーズでは、体系立った育成プログラムはまだなくて、営業のデータをもとにしながら、兼任者が、営業課題に応じてその都度トレーニングや資料で営業を支援するという段階です。

　兼任とはいえ、イネーブルメント担当者を配置して営業の支援をし始めるこのフェーズ2は、実はかなり高いハードルといえます。兼任者が従来の業務とのバランスをとれずイネーブルメントの仕事がおろそかになるということが起こりがちだからです。

　そうならないためには、重要なことが2つあります。

　1つめは、**経営トップや営業トップが、イネーブルメントは成果に直結する育成プログラムであることを営業全体に都度伝える**ことです。兼任の段階で経営層からのバックアップがなくなると、イネーブルメント担当は動きづらくなります。

　もう1つは、**小さくてもいいのでイネーブルメントの取り組みが成果につながったと現場が実感できる"スモール・ウィン"をつくる**ことです。できれば、複数つくりましょう。これは、今後、イネーブルメントに会社として継続投資する必要があるかどうかの判断材料になってきます。多くの場合これが示せず、空中分解します。

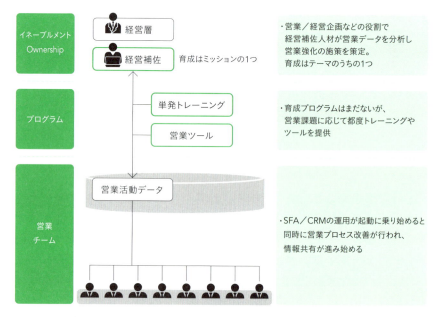

3-21. イネーブルメントの構築手順 フェーズ2：兼任または専任人材のアサイン

スモール・ウィンを実現させるためのアイデア

スモール・ウィンの構成要素は以下の3つです。

①何らかのイネーブルメントプログラムの提供
②現場からの高評価
③できれば営業指標の改善実績

　これら3つが揃えば大成功ですが、実際に③の成果が出るまでには時間がかかるケースも多いため、少なくとも①と②はカバーしましょう。
　①は、プログラムを提供して「すごく良かったね」という評価をいくつか得るということです。兼任ですので、プログラムの提供頻度は半期に1つ、多くても2つ程度が現実的でしょう。
　スモール・ウィンの例としては以下のようなプログラムがあります。

①営業フェーズを上げるためのノウハウ共有会

　先のフェーズ1で、営業フェーズ設計が重要であることを述べましたが、「フェーズを上げるノウハウ」というのは営業によって違いますし、他の営業がどのようなことを実践しているか知らないものです。

　例えば、初回訪問時に製品デモを行って製品の良さを植え付ける営業もいれば、顧客のニーズを深く理解してから後のフェーズで製品デモを行う営業もいます。それぞれに意図や訴求ポイントが異なります。

　共有会は2時間ほどで、グループワーク形式で実施します。営業フェーズに沿って日頃意識して実践していることを出し合います。営業フェーズが5段階あるとすると、5回グループワークして全体発表のサイクルを回します。

　これだけで、相当の知見が全体で共有されます。共有会の後は、営業フェーズの推移率や滞留日数などを指標として効果検証します。

②受注率を上げるためのプレゼン大会

　成果をあげている営業が実際にどんな提案をしているか知らないというケースは多いものです。全社的に受注率改善が必要な場合は、各営業チームからハイパフォーマーを集めてプレゼン大会(コンペ)を実施するのが効果的でしょう。

　単にプレゼン内容を共有するだけではなく、コンペ形式にして楽しさの要素を入れます。時間は1.5～2時間、5名ほどのハイパフォーマーのプレゼン発表を聞き、例えば営業マネージャーが発表内容を審査して1位を決めるという流れです。複数のハイパフォーマーの実提案を一度に知ることができ、マネージャーの評価の視点なども把握できる良い機会になります。

　プレゼン大会後は、営業の受注率の推移などを指標として効果検証します。

　2つの例をあげましたが、これらはイネーブルメント兼任人材でもプログラム提供ができる必要があります。ここでのポイントは以下です。これらができれば①～③がカバーできます。

- プログラムのコンテンツは実践的なものにする。
- 一方で、コンテンツはイネーブルメントの兼任人材が作成するのではなく（これが非常に重い）、現場にすでに存在するものを極力活用する
- 営業指標との効果検証をセットにする（改善が必要な営業指標をもとにプログラム設計をする）

プログラムを個別に作り込もうとすると非常に時間がかかり、兼務の業務とバランスが取れず頓挫する可能性が高くなりますので、現場の知見を活用したプログラムの立て付けにすることがポイントです。

フェーズ3：プログラムの開発と提供

フェーズ3は、プログラムの開発と提供です。
単発とはいえ、イネーブルメントによる営業支援の効果や必要性が社内に浸透してくると、イネーブルメント専任担当を配置して、体系化された育成プログラムをつくる段階に入ります。

ハイパフォーマーのデータを分析して、他の人も使える形にしたトレーニングプログラムや営業ツールをつくり、運用して、徐々に仕組みとして回り始めます。具体的な内容はこの前のセクションで見てきたとおりです。

フェーズ3では、大きく2つの進め方があります。
1つは、トレーニングプログラム、営業ツールといった「コンテンツ」の提供から始める進め方です。
もう1つは、営業マネージャーを軸にコーチングを通じて育成プログラムを提供する進め方です。コンテンツを提供するまでの人材が手当てできない、またはその逆でコンテンツ自体は豊富に整備されているがその浸透に課題があるケースです。

どちらの進め方がいいかは、自社の営業育成テーマやイネーブルメントのリソースによって異なります。自社で全て賄えれば問題ありませんが、

必要に応じて外部のサポートを受ける、というのも選択肢になってくるでしょう。

　コンテンツの整備から始めるケースとして多いのは、ベンチャーなどの急成長企業です。営業社員が毎月のように新しく入社する場合、彼らの早期立ち上げが重点テーマになります。OJTでの育成には限界が出てきますので、トレーニングコンテンツや営業ツールを整備して早期立ち上げを加速させます。

　一方、営業マネージャーコーチングから始めるケースとして多いのは、大手企業です。トレーニングや営業ツールは整備されているものの、その実践と定着に課題がある場合です。新規領域のビジネス拡大を加速するためにさまざまなプログラムを提供するものの、一向に営業活動（動き方）が変わらないようなケースです。
　この場合は、新たなトレーニングを提供するのではなく、営業データを活用しながら、営業マネージャーによるコーチングを軸にして現場の実践レベルを上げていきます。フィールドラーニングに力点を置いた取り組みです。

　このように、フェーズ3は自社の育成テーマとリソースによってコンテンツから整備するパターンとコーチングから始めるパターンに分けて考えるのがいいでしょう。

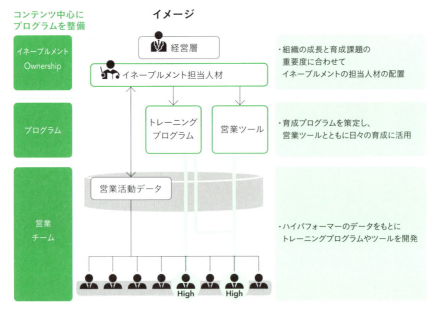

3-22. イネーブルメントの構築手順 フェーズ3：プログラムの開発と提供（1/2）

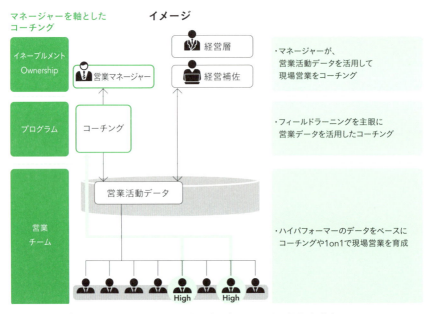

3-23. イネーブルメントの構築手順 フェーズ3：プログラムの開発と提供（2/2）

フェーズ4：イネーブルメントデータの蓄積と営業成果による検証

　フェーズ4は、イネーブルメントデータの蓄積と営業成果による検証です。体系的な育成プログラムが提供されて、営業活動データだけでなく、学習履歴やコーチング履歴などのデータも蓄積され、営業チームの育成状況が可視化されている段階です。

　ここまで来ると、営業の成果とイネーブルメントのデータをつき合わせて、本当にこのトレーニングで効果があったのか、マネージャーのコーチングが機能しているのかということを検証できます。

　次章の事例紹介で解説していますが、セールスフォースでは、営業の成果と学習の効果をグラフ化して、営業一人ひとりの活動レベルまで分析しています。

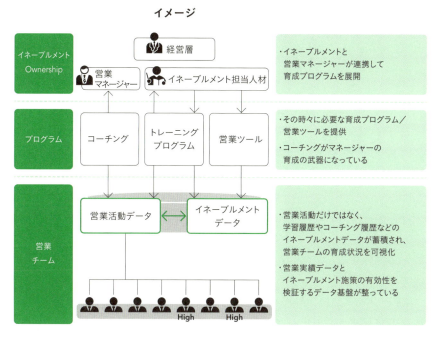

3-24. イネーブルメントの構築手順 フェーズ4: イネーブルメントデータの蓄積と営業成果による検証

イネーブルメントに着手している企業は、SFAはすでに導入済みで、イネーブルメント担当者を置き、いくつかのトレーニングプログラムを提供しています。ただ、フェーズ4に取り組んでいる日本企業はほとんどありません（2019年10月時点）。「つくって提供」というフェーズ3の段階が多い印象です。

　昨今、イネーブルメントに取り組む企業が急速に増えていますので、フェーズ4、フェーズ5に進んでいく会社が増えてくると考えています。

　フェーズ4を進めるうえで意識しておきたいことは、イネーブルメントデータ、特にトレーニング実施履歴の整理です。過去のトレーニング履歴をスプレッドシートで管理しているものの活用できていないというケースは多いと思います。営業成果との効果検証を進めるうえでは、以下の情報項目を管理するといいかもしれません。

- トレーニング情報（トレーニング名、トレーニングカテゴリー、実施日、トレーニング所要時間、関連する営業指標、アンケート結果など）
- トレーニング参加者情報（参加者名、参加者の部門など）

　このなかで「関連する営業指標」については定義されていないケースが多いと感じますが、実施後の効果検証の際に有用となります。

フェーズ5：経営層とのイネーブルメント結果レビューサイクルの確立

　フェーズ5は、経営層とのイネーブルメント結果レビューサイクルの確立です。

　営業の成果とイネーブルメントのデータをつき合わせて、イネーブルメントの効果検証をしたものを経営層に報告・共有して、そこから改善策が生まれ、実施するという、イネーブルメントのPDCAサイクルがぐるぐる回る状態です。

　イネーブルメントで実施した中で「これは効果がありました」「結果的に営業の数値のここがすごく伸びました」というように、どのプログラムがどこに効果があったのか情報を経営層と共有して、「だったら次はこの数値が

弱いので、こういったプログラムをやったらどうか」というようなマネジメントとの連携が可能になります。

　人材育成で、経営層を交えたPDCAサイクルを回すこと、これが最終的にイネーブルメントで実現していきたい形になります。

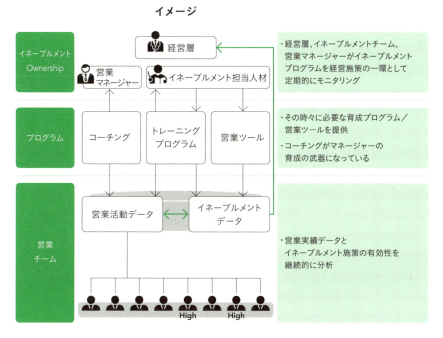

3-25. イネーブルメントの構築手順　フェーズ5：経営層とのイネーブルメント結果レビューサイクルの確立

　フェーズ1からフェーズ5まで見てきました。営業データの収集に始まり、育成の体制をつくり、プログラムを提供し、成果で効果を検証する流れです。営業成果を起点にして、営業成果でチェックするという一貫した人材育成の施策が、経営と協力して、イネーブルメントによって実現できるイメージを持っていただけたでしょうか。

　次のセクションでは、この5つのフェーズを参考に、企業規模別の進め方について見ていきたいと思います。

企業規模別の進め方

　企業規模別の進め方についてお話ししましょう。
　ベンチャー、中堅、大手、グローバルの4つのタイプで見ていきます。これまでイネーブルメント立ち上げの支援をしてきた経験を踏まえ、想定される状況と典型的な進め方を紹介します。先ほどお話しした5つのフェーズともある程度重なる部分もあります。

●ベンチャー企業

　まず、ベンチャー企業です。
　次ページの図表の右上に想定される状況が書いてあります。ベンチャー企業は人的にも資金的にも資源が足りていないと思います。営業活動のやり方も人によってバラバラで、システムも入っていないので営業結果をエクセルで管理しているケースも多いでしょう。
　人材育成プログラムなどなく、見よう見まねで行動し、習うより慣れろの世界。一方で、中途採用の人がどんどん入ってくるという状況だと思います。

　このような状況でまずやっていただきたいのは、**営業のやり方をそろえて、その状況を可視化できるようにする**ことです。
　おすすめは、第2章で見た「顧客視点での営業プロセス」を定義して、SFAなどを導入して営業活動データを収集し、それらのデータを使って活動管理することです。会社としてやってほしいことを標準化し、その結果を見られるようにします。これだけでも営業の成果はまったく違ってきます。
　そして、データが溜まってきたら、ハイパフォーマーの動きを分析して他の社員に共有していきます。ベンチャーの規模感だったらこれで手一杯かもしれません。
　また、定期的な営業会議や、半年・1年を振り返るオフサイトミーティングなどで、営業フェーズや営業管理項目を顧客視点で見直すといった議論もとても効果的です（これだけでナレッジ共有になります）。システムを使ってマネジメントしていくのが最初の取り組みとして有効です。

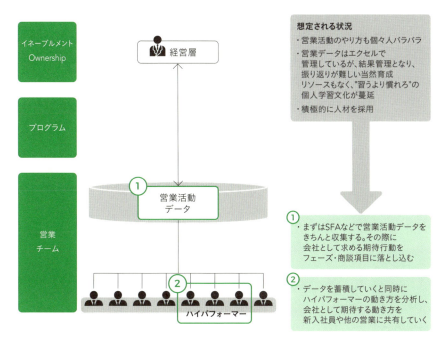

3-26.企業規模別の進め方　ベンチャー企業

●中堅企業

次に中堅企業です。

ベンチャーから次第に規模が大きくなり、中堅クラスになると次ページの図表3-27のような状況ではないでしょうか。

SFAを活用して営業活動データが溜まってきてはいるが、育成施策として展開できているわけではない。営業人材育成専任の担当者を置くほどには人的資源が豊富なわけではない。営業マネージャーのコーチングも、自分の経験をベースにしたコーチングをしているので、マネージャーによって成果が出るチームと出ないチームとのバラつきが大きい。このままビジネスが成長していくと間違いなく育成が大きな課題になるが目先の業務に追われて着手できていない。

このような状況であれば、せっかくデータが溜まってきているので、経

営補佐的な人が軸となって、ハイパフォーマーのやっていることをうまく抽出して、そのノウハウをマネージャーを伝えたり、部分的にトレーニングで展開したりするなど、イネーブルメントの原型のようなものがつくれるといいと思います。

　兼務でもいいので、イネーブルメントの役割に人的リソースをアサインするという経営層の意思決定が必要です。

　「データからイネーブルメントプログラムの形になった育成プログラムが展開され始めた」という実感を営業現場が得ることが当面のゴールになります。

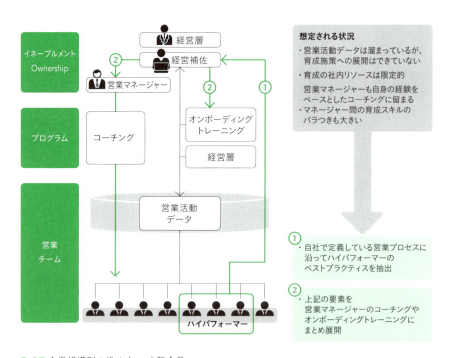

3-27.企業規模別の進め方　中堅企業

●大手企業

　大手になると、人材育成リソースは確保されていて、営業データも溜まっています。トレーニングも外部のものを含めてかなりの数を実施していることでしょう。

　ただし、各部署バラバラにやっていて、日々変わるビジネスの状況に合わせて、こういう育成プログラムが必要だと示せていない、すでに組み込まれている人事のプログラムを定期的にやっているという状況だと思います。

　このような状況でやっていただきたいのは3つ。

　1つめは、**イネーブルメントの専任チームをつくる**こと。大手の規模感ではイネーブルメントを片手間でやるには組織が大きすぎます。兼任ではカバーしきれないので、専任チームもしくは専任の担当者をつけましょう。

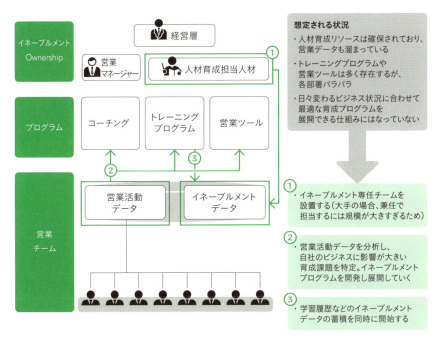

3-28.企業規模別の進め方　大手企業

セールス・イネーブルメントの構築法

2つめは、**溜まってきている営業データに基づいて的確な育成プログラムを展開していく**ことです。いきなり全部やろうとせず、まずはトレーニング、あるいはコーチングで効果が高そうなものからで結構です。営業活動データに基づいてイネーブルメントプログラムを開発し、展開していきます。

3つめは、**営業活動データだけでなく、イネーブルメントのデータを意識して溜める**ことです。効果検証をするという視点から、学習履歴などのデータを蓄積していきます。トレーニング履歴があるといっても、スプレッドシートでバラバラに管理しているとか、コーチングに関しては「やってください」と言っているものの履歴を管理していないというようなことが意外とあります。施策に連動するデータ、効果検証ができるデータを収集する必要があります。

●グローバルカンパニー

グローバルカンパニーになると、各国リージョンを含めリソースは豊富にあります。営業のデータも、グローバルSFAが入っているケースが多く、統一のプラットフォームでデータを収集しています。イネーブルメントを統括するようなチームがヘッドクォーターにあり、リージョンごとにイネーブルメントのチームや担当者が置かれている状況です。

ただし、イネーブルメントデータのプラットフォームが、例えばアメリカはマイクロソフト、ヨーロッパはセールスフォースを使っているなどバラバラで、データ分析の観点も統一されていないケースがあります。

このような状況でやっていただきたいのは3つ。個々のプログラムがどうということよりも、グローバル全体でどうシナジーを出していくのかという観点で見ていきます。

1つめは、**グローバルのイネーブルメントでは何を実施するのか、リージョンでは何を実施するのかを決め、それぞれ役割分担を決める**こと。全体ではどんなKPIで見るのか、共通で展開していくプログラムは何か、どこからリージョンで実施するのかということを明確にしておきましょう。

2つめは、**グローバル全体でイネーブルメントの効果検証ができるよう**

に、**管理するイネーブルメントデータを統一しておく**こと。効果検証には、データ分析の観点、どんな情報があればその効果が示せるのかといったところを統一しておく必要がありますが、アジアではそのデータが取れているけれど、アメリカでは取れてないとなると、全体ではよくわからないという話になってしまいます。統一の管理データがあることで、そのあとのPDCAが回しやすくなります。

3つめは、**グローバル全体にベストプラクティスを共有する場を定期的に設定する**こと。グローバルカンパニーの場合、地理的に離れているため、各リージョンでのベストプラクティスの共有、グローバル全体での情報共有がイネーブルメント施策の中でどれだけできるのかが問われてきます。イネーブルメント担当のチームが意識的に共有する場をつくり、グローバル全体でベストプラクティスが循環するサイクルを確立する必要があります。この規模になると、まったく違う観点での運営が必要になってきます。

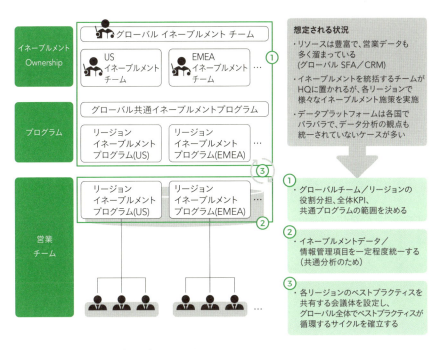

3-29.企業規模別の進め方　グローバルカンパニー

イネーブルメントに当てる
人的リソースと組織の配置場所

　前項ではベンチャー、中堅、大手、グローバルカンパニーと、企業規模別のイネーブルメントの進め方を見てきました。

　では、イネーブルメントを進めるにあたって、イネーブルメントの担当者は何人くらいが妥当なのでしょうか。

　理論的な裏付けがあるわけではありませんが、さまざまな企業のケースを見てきた経験からいうと、**支援対象の営業人員の1～3%**といったところが目安の数値となります。

　例えば100人程度の営業を支援するのであれば、専任者が1人といった規模感です。1人専任を配置できれば、100人であれば営業の顔が見えますし、コンテンツ開発やツール整備にも手が回ります。

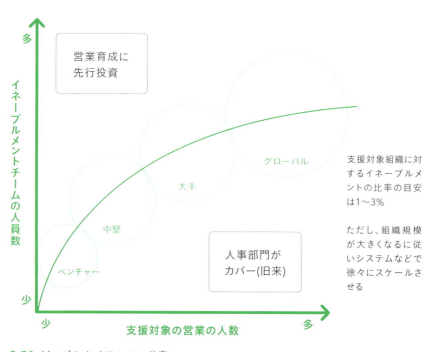

3-30.イネーブルメントリソースの比率

これが、1人で200人前後を見るようになると、提供プログラムを絞らざるを得ない状況になるでしょう。これはあくまでも業務負荷の経験からくる実感値です。

　左ページの図について少し解説を加えましょう。
　図の左上、営業の人数が多くないのにイネーブルメントを多く配置するケースです。
　これは例えば、向こう1〜2年で営業人員を急拡大するようなベンチャー企業、自社に営業は少ないがパートナービジネスでパートナー企業の営業を支援するパートナーイネーブルメントが該当します。

　一方、図の右下、営業の人数が多い割にイネーブルメントが少ないというのは、第1章で見てきたような、これまでの人事部門による育成支援が該当します。

　もう1つ説明しておきたいのが、図の線が曲線を描いており、なだらかに平らになっていっているということです。
　イネーブルメントはプロフィットセンターではなく、コストセンターです。営業組織が大きくなるにつれてイネーブルメントも永遠に増やすということはできません。

　本章の最初に見たとおり、どこかで「スケール」させる必要があります。曲線になっているのは、初期段階ではマンパワーを投じてイネーブルメントを立ち上げ、そのあとはスケールさせる要素を織り交ぜながら人を増やさず営業組織をカバーしていくという意味です。

イネーブルメント組織を
どの部門に配置するか

組織上、イネーブルメント部門をどこに配置するのがいいのでしょうか。
正解があるわけではありませんが、どういう方向に展開していくかによって、3つの方法があると思います。

1つめは、**営業部門の中に置く**方法です。営業の指揮命令系統下にあり、営業トップの育成の意思を反映しやすいというメリットがあります。また、営業現場との距離がとても近く、パートナー的な位置付けで動きやすいです。

ただ考慮しなければならないのは、営業部以外の関連部門、例えばシステム・エンジニアなど営業とともに動く人たちも一緒に育成したほうがいいというような場合は動きづらくなってしまうということです。指揮命令系統から来る統制力をどこで働かせるかという観点からいうと、営業部が一番動きやすいパターンですが、他の部門のことを考えると少し動きづらくなります。

ただ、イネーブルメントという営業を支援する本来の役割からすると営業部門の中に配置されるケースが圧倒的に多いです。
アメリカの企業では、7割が営業部門の中に置いているといわれています。

2つめは、**経営企画部門の中に配置する**方法です。全社的な視点で見ることができ、営業、システム・エンジニア、アライアンスチームなど営業に関わる人たちを中立的な立場で支援できるので、部門横断的に動きやすいというメリットがあります。

しかし経営企画部門の場合、営業現場からは管理部門として見られるようになるため、営業との距離を縮める工夫が重要です。「こういうデータを入力してください」と現場に依頼したときに、「支援といっているけど、管理のためか」と思われないように気をつけて動く必要があります。

3つめは、**人事部門の中に置く**方法です。人事の中の営業部門育成担当といった位置付けになります。

このメリットは、全社の人材育成と営業部門の人材育成という育成機能を集約できることにあります。

ただし、営業との距離が生じてしまうので、往々にしてトレーニングアレンジ機能になってしまいがちです。ですので、営業との距離感を縮めること、現場感のあるプログラムを提供することがカギになります。

私の経験上、人事部門に配置している例を見たことはありませんが、育成という点ではメリットがあります。

どこに置くのが自社にとって一番フィットしそうか、それぞれの会社で検討してみてください。

いくつかのオプションから自社に合った配置を選択

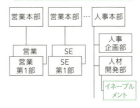

3-31. イネーブルメント組織の配置（中堅規模以上の場合）

オプション1「営業部門」の中に配置
- 営業トップの育成の意思をダイレクトに反映可能で育成施策の重要性が最も伝わりやすい
- 営業との距離も近く育成パートナーとして動きやすい
- 一方で、所属する営業部門以外の営業関連組織(SE部門など)も対象になる場合、部門横断の動きが求められる

オプション2「経営企画部門」の中に配置
- 「営業に関わる複数部門」を支援対象とするときに最も動きやすい(インサイドセールス、SE、アライアンスチームなど)
- 企画部門に経営分析を担当するチームがある場合、全社的な視点で施策を展開しやすい
- 営業から見た場合「管理部門」として映りやすいため、距離を縮める動き方が必要

オプション3「人事部門」の中に配置
- 人事部門の中で「営業部門育成」を担当する位置付け
- 「全社人材育成」と「営業部門育成」をトータルで担うことができ育成機能を集約できる
- 「トレーニングアレンジ機能」にならないよう現場感のあるプログラムを継続的に提供できるかがカギ。営業との距離感を縮められるかが重要

セールス・イネーブルメントの構築法

イネーブルメントチームの KPI（評価指標）

イネーブルメント組織の成果は何を指標として追うのが適切なのでしょうか。ここでは、イネーブルメント部門のKPIについて見てみましょう。

これも正解があるわけではないため、会社のフェーズによって分けたほうがいいと考えています。

●企業規模が小さい場合のイネーブルメント部門のKPI

イネーブルメントの専任チームがない場合、特にベンチャーや営業の人数が10人など少ない場合は、育成の生産性を見てもあまり意味がないので、**営業の成果をそのままイネーブルメント部門の評価指標**として見たほうが現実的です。

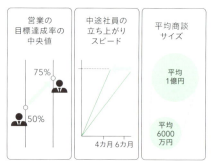

3-32.イネーブルメントチームのKPI

経営補佐や営業マネージャーが育成を一部担っているケースであれば、彼らの数値＝イネーブルメントの数値と捉えていいでしょう。新規の案件数が増えたのか、成約率が上がったのか、最終的に売り上げが上がったのか、といった営業が見ている指標自体がイネーブルメントの評価指標になります。規模が小さいときは、こちらのほうがわかりやすいです。

●企業規模が大きい場合のイネーブルment部門のKPI

一方で、組織が大きくなってくると、より生産性を見る指標にシフトしていきます。図表の右側には3つの指標が書いてあります。

1つめは、**営業の目標達成率の中央値**です。営業の担当者を上から達成率順に並べて真ん中の順位の人の達成率が、前年と比べて今年のほうが上がっているかどうかを見て判断します。上がっていれば全体的な底上げができているといえます。達成率の平均値を見ると、一部のハイパフォーマーが全体の数値を引き上げるという事象が発生するため、真ん中の営業の達成率を見ることでそれを回避します。

2つめは、中途社員をどんどん採用しているような企業であれば、**中途社員の立ち上がりスピード**を見ます。従来は6カ月だったものが、4カ月で立ち上がるようになれば、生産性が上がったといえます。

3つめは、**実際の商談や案件のサイズ、金額が以前よりも大きくなったかどうか**です。例えば、年間1人当たりの案件規模が6000万円から1億円になったら、生産性が上がっているといえます。

会社の規模が大きくなると、全体的な営業の底上げが必要です。全体の生産性が上がったのか下がったのかがわかる指標をいくつかミックスして、イネーブルメント部門のKPIにするのがいいと思います。

「イネーブルメント進捗マップ」で自社の位置を確認

　最後に、「5フェーズの構築手順」×「企業規模別(ベンチャー・中堅・大手・グローバル)」で状況を一覧できる図を次ページに載せました。

　ベンチャーであれば、フェーズ1の「SFAなどを有効活用」から、フェーズ2⇒3⇒4⇒5と登っていきます。
　大手であれば、フェーズ1の「全社／部門別でSFAなどを有効活用」から、やはりフェーズ2⇒3⇒4⇒5と登っていきます。
　会社・営業の成長と、営業の成長を支援するイネーブルメントの状況がリンクする形で書いてあります。自社が今どこにいるのかと確認してください。そして、次のフェーズに移るためにはどうしたらいいのかを考え、社内で議論するきっかけにしてください。

　本章では、イネーブルメントプログラムの構成要素、具体例、イネーブルメント構築の手順について見てきました。
　企業の規模別に、どの程度まで整えられればいいのかの目安も示しました。ここまでで、イネーブルメントの構築法については一通り説明したことになります。

　セールスフォース時代に営業現場から「イネーブルメント部門は自分たちに寄り添ってくれる部門ですね」と言われたときは、素直に嬉しかったです。
　イネーブルメントは一人ひとりの営業担当が成果を出せるように支援し続ける部門ですから、その働きかけが営業現場に響いていることが確認できました。
　また、「第三者的な立ち位置の人からアドバイスがもらえるのでありがたい」とも言われました。

　営業現場では、どうしても直属のマネージャーの影響が大きくなり、結果にのみフォーカスしがちです。イネーブルメントはもちろん営業成果を起

点に、営業成果を求める取り組みですが、営業成果に至るプロセスをどうしたらスムーズに進めていけるのか、その方法を全社的な視点から構築し提供しています。それが、少し広い視野からのアドバイスとして感じられるのだと思います。

次章では、イネーブルメントに取り組んでいるSansan、NTTコミュニケーションズ、セールスフォース・ドットコムの3社の実例を紹介します。実際の企業の活動を知ることで、ここまでに説明した内容がより深く理解できると思います。

		A: ベンチャー	B: 中堅	C: 大手	D: グローバル
フェーズ5	経営層とのイネーブルメント結果レビューサイクルの確立	A-5 営業指標をレビュー	B-5 特定の育成テーマとその営業成果をレビュー	C-5 営業成果とイネーブルメント施策の有効性をレビュー	D-5 グローバルとリージョンのイネーブルメントKPIをレビュー
フェーズ4	イネーブルメントデータの蓄積と営業成果の検証	A-4 SFAなどのデータを蓄積	B-4 ハイパフォーマーの営業データ分析	C-4 SFAとイネーブルメントデータを分析	D-4 グローバルとリージョンのデータを分析
フェーズ3	プログラムの開発と提供	A-3 SFAデータを使ったコーチング/オンボーディングトレーニング	B-3 ハイパフォーマーのベストプラクティスをプログラム化	C-3 体系的なイネーブルメントプログラムを整備	D-3 グローバル共通とリージョンオリジナルプログラムをミックスして提供
フェーズ2	兼任または専任人材のアサイン	A-2 経営補佐人材が兼任	B-2 経営補佐人材または営業マネージャーが育成を兼務	C-2 イネーブルメントチームを設置	D-2 グローバルイネーブルメントチームとリージョンチーム
フェーズ1	営業データの収集と整備(SFA)	A-1 SFAなどを有効活用	B-1 SFAなどを有効活用	C-1 全社/部門別でSFAなどを有効活用	D-1 グローバルSFA/CRM

3-33.イネーブルメント進捗マップ

本書第 4 章のインタビューは 2019 年 8、9 月に行われたもので、掲載されている内容や肩書きなどは取材当時の情報です。

セールス・イネーブルメントの取組事例

第4章

事例

01 Sansan

クラウド名刺管理サービスの企画・開発・販売事業をしているSansan株式会社は2007年6月設立、クラウド名刺管理サービスという市場をゼロから開拓し、現在に至るまで急成長を続けている。同社Sansan事業部事業企画部 副部長の畑井丈虎さんにイネーブルメントへの取り組みについてインタビューした。

畑井丈虎 Hatai Taketora

Sansan株式会社 Sansan事業部 事業企画部 副部長。東京工業大学卒。2015年4月、Sansan株式会社に入社し、営業部にてメガバンクやコンサルティングファームなどのエンタープライズ企業を担当。2018年4月に事業企画部に異動し事業戦略の立案・実行を担当している他、営業組織強化のためセールスイネーブルメントグループの立ち上げ、事業部HR（採用・制度設計）などのプロジェクトを管轄。

── ビジネスの概要と営業組織の人数 ──

積極採用で営業人員は半年で倍増し、110名に

　名刺情報をデータ化し、社内で共有して新たなビジネスチャンスをつくるためのクラウド名刺管理サービスを提供しているSansan株式会社。主に、法人向け名刺管理サービスの「Sansan事業部」と個人向け名刺アプリの「Eight事業部」からなり、イネーブルメント部門は、主に法人向けの営業部隊があるSansan事業部に所属している。

　同社の名刺管理サービスは、トヨタ自動車株式会社、三井物産株式会社、株式会社三井住友銀行といった日本を代表する大手企業から中堅・中小企業まで、約6000件の導入実績がある。

　営業部隊の構成は、社員1〜200名の顧客を担当する「スモール」、201〜1000名を担当する「ミディアム」、1001名以上を担当する「エンタープライズ」に3区分されており、マーケティング、インサイドセールス、フィールドセールス、カスタマーサクセスの職種がある。イネーブルメント部門が

関わるインサイドセールス約40名、フィールドセールス約70名、計約110名が現在稼働している。
　この110名という数字は、ここ半年でほぼ倍増した。現在、クラウド名刺管理サービス市場においておよそ82%のシェアを獲得しているが、まだまだマーケットの余白は大いにある。日本国内の従業員数をベースに考えると、Sansanを利用しているのは全体の約1%という計算になるからだ。よって、この拡大余地を獲得していくべく、より強固な営業体制を整えるために積極的に採用している。

―― イネーブルメントに取り組むことになった背景と経営層の期待値 ――

成長を支える基盤づくりの一環としてスタート

　イネーブルメント部門ができたのは2018年4月。同社の創業メンバーの1人である外資系ベンダー出身の事業部長が指揮をとり進められた。最初は畑井さん1人、営業メンバーはまだ30人台だった。
　事業部トップの指示といっても、それは「イネーブルメント部門をつくれ」というものではなく、会社の中長期のグロースプランを実現するための育成も含めた営業組織を考えてほしいというものだった。
　そこで畑井さんは、ストラテジー、採用・育成、目標管理と報酬設計を柱とする全体のロードマップを描いた。
　「営業一人ひとりの生産性の高止まりを感じていたので、新しい絵を描く必要がありました。成長を続けるためには、営業人員を増やさないといけないし、マネージャーも増やさないといけない。マネージャーを増やせば、育成のレベル感にも差が出てしまうので、現場営業の生産性を担保する仕組みが必要でした」と畑井さんは語る。
　成長を支える会社組織の基盤づくりを進め、2～3年後にドライブさせるための施策の1つとしてイネーブルメントに取り組むこととなった。
　現在、事業企画部には事業・営業・人事戦略などを担当するストラテジーチーム、採用・育成などを担当するイネーブルメントチーム、目標管理・報酬設計などを担当するオペレーションチームの3つがあり、畑井さんは全てのチームを見ている。
　イネーブルメントチームには、スモール、ミディアム、エンタープライズの

各営業部隊に張り付いて**育成をメインに仕事をしているトレーナー3名**と、**研修や営業業務のサポートを担当する5名の計8名のメンバー**がいる。今後さらに営業人員が増えていくことを想定してのことではあるが、かなりリッチなリソース配分だ。

―― 何から始めたのか？　それはなぜか？ ――

現状を可視化するためにSFAから始める

　全体のロードマップを描いたのち、育成の土台づくりをするにあたり、数字ベースで事業部の現状を把握・分析し、課題特定をするとともに、営業のプロセス管理をするために、SFAの設計を行った。

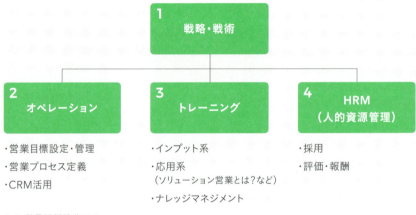

4-1. 営業組織強化FW

　当時、セールスフォースのSFAを導入して1年ほど経っていたが、あまり定着していなかった。
　そこで、営業フェーズを7つに区切って、管理項目を決め、振り返りの指標、中間KPI設定をした。「事業を成果に結びつけるために、目標からブレイクダウンする必要があると考えました」と畑井さん。
　さらに、レポート・ダッシュボードを提供して、個々の営業がSFAに入力しないと営業部長が評価できないという形にして、KPIを使ったマネジメントをするように促した。

最近では、スモール、ミディアム、エンタープライズの各セグメントのマネージャーと畑井さんとで週1で行う事業戦略ミーティングの資料としてSFAのデータを用いているので、SFAへのデータ入力は不可欠との認識が深まっている。

番号	内容	完了基準
P1	商談の見極め	商談として今後も追いかける価値があると判断している
P2	課題の特定	顧客の現状／理想を整理し、提案の方向性を特定できている
P3	推進者との提案内容合意	推進者に提案内容についてご賛同いただき、企画書の概要が固まっている（背景、導入目的、Sansan導入による効果、運用提案、導入スケジュール、価格概算を整理し、推進者と目線を合わせている）
P4	意思決定者との提案内容合意	意思決定者にSansanの導入価値を認識してもらう
P5	価格／申込日の最終合意	価格、導入スケジュールを最終交渉し、意思決定者とSansan導入を最終合意する
P6	稟議決裁	稟議決裁が完了している
P7	確定	申込書を受領している

4-2.（7フェーズ＝7P）の全体像

―― 提供しているイネーブルメントプログラムとその効果、現場の反応 ――

入社後1カ月間に及ぶ
オンボーディングフェーズのプログラム

　SFAを使ったデータ整備をセットしたのち、畑井さんはオンボーディングフェーズの支援プログラムをつくり始めた。
　当時は採用後すぐに営業現場に出ており、製品説明やデモのやり方に現場ごとにバラつきがあったため、Sansan事業部のプロダクトに関するインプット系のプログラムをつくり、ベータ版を走らせながら修正を加えていった。

続いて、ラポール（信頼関係）の築き方、仮説構築、バイヤー相関などのソリューション系のプログラムをつくりたかったのだが、採用の仕事も兼務している畑井さんのリソースをなかなか割くことができなかった。イネーブルメント部門が動き出して半年後、企画をまとめることに長けたメンバーが1人加わり、ソリューション系のプログラムを一気につくった。

現在では、**新入社員は入社後1カ月間、ほぼ缶詰状態で約20あるオンボーディングプログラムを受けている。**インプット系のプログラムは動画になっており、新入社員が動画を見て学習し、トレーナーがテストで理解度をチェックして、合格しないと次のプログラムに進めない仕組みになっている。

ソリューション系のプログラムは、トレーナーがレクチャー形式で教え、ロールプレイングもかなりの数をこなす。

最後には、営業部長を相手に1時間に及ぶ商談を再現したロールプレイングの試験があり、これに合格しないと現場に出られない。一発合格の例はまだない。ここでかなり鍛えられる。

実際に営業に出て、立ち上がりに苦労しているメンバーには、最初の3カ月間だけイネーブルメントチームのトレーナーが商談に同席したり、仮説構築を一緒に行ったりする支援も行っている。

既存営業メンバーへのイネーブルメントプログラムはまだベータ版だが、スモール、ミディアム、エンタープライズのセグメントごとにベストプラクティス、ナレッジの事例共有会を月1回のペースで開催。営業のツール、案件情報の整理や、セールスフォースの社内コミュニケーションツール「Chatter」の使い方のルールづくりなどに取り組んでいる。

最近では、事業企画部のストラテジーチームが立てた営業戦略・戦術を現場に落とし込む活動もしている。

また、外部の営業コンサルタントに依頼して、成績が伸び悩んでいる営業メンバーを対象に、3カ月間、隔週でロールプレイングのプログラムを提供している。

重複なく、漏れなく、商品特性を考えてプログラムを内製

　イネーブルメントで提供するプログラム、コンテンツは、基本的に内製している。トレーニングのコンテンツをつくる場合、営業の流れ全体をMECEに設計することを心がけている。必要な知識、スキルを洗い出し、優先順位をつけてつくっていく。そして、コンテンツをつくる人は、営業現場から人事異動で引っ張ってくる。

　クラウド名刺管理サービスという一見「Nice to have」に見えがちな商品の特性から、課題特定をしてプライオリティを上げるという行為が非常に難しい。顧客の経営テーマに結び付ける働きかけが必要となるからだ。
　そこで、名刺管理単体ではなく、MA、SFA、CRMといった他のソリューションとSansanを連動させて、どのような効果を生み出すかというストーリーを描けなければならない。
　そのためにインプット系のプログラムの中には、MAやSFAなどのソリューションの知識や、Sansanとどうつなげるかといったプログラムも用意している。

新入営業の立ち上がりの早さ、生産性向上への効果は大

　イネーブルメントによるオンボーディングフェーズのプログラム提供によって、事業部長からは、営業組織が倍化しても生産性があまり落ちていない点に対して一定の評価を得ている。
　部長・マネージャーからは、営業の立ち上がりが非常に早くなり、新入社員の生産性が大きく上がったと評価されている。また、マネージャークラスの新人育成にかける負担が大幅に減ったという効果もある。

　生産性は完全に数字ベース、売上金額で追っており、半年間のオンボーディング期間に既存社員の売り上げ目標の5割という係数を定めて、その目標を達成した新入社員の割合、達成スピードを測っている。
　現場レベルでは、インプット系の項目は網羅的につくってあるので、最初のプログラムが終わってからも新入社員は気になるところを見返している。

また、網羅性に加え、「このケースでよく使うのはこれ」「ファーストステップではこれさえできればOK」などといったことがわかるつくりになっているので、現場に出て迷わず行動できる。

　既存の営業メンバーについては、明確な評価を得るまでには至っていない。ただ、事例共有について、人数が大幅に増えたにもかかわらずクオリティを落とさずにできているのは、一定の効果といえる。

カテゴリ	プログラム例	狙い・KPI	実行のポイント
インプット	・ソリューション知識 ・営業トーク（事例・デモなど） ・業務オペレーション	新人立ち上げスピード向上	プログラムを受講する側のコミットメント
応用 (OJT)	・ラポール ・仮説構築 ・ヒアリング ・バイヤー相関 ・クロージング	営業スキルの平準化	適切なKPI設計
ナレッジ	・ベスト案件の共有 ・資料や案件情報の格納		場づくり 情報共有のインセンティブ
戦術連携	・戦術実行支援 （注力インダストリの勉強会、注力すべき売り方の型化やナレッジ展開など）	戦術実行	プログラム設計 （イネーブルメント担当者のスキル）

4-3.教育プログラム一覧

―― 追っている指標（KPI）――

KPIの柱はオンボーディングの数字で営業と共通

　イネーブルメントチームのKPIは2つ。
　1つは、**プログラムの構築ができたかどうかで、期初に決めたプログラム作成の進捗度合い。**
　もう1つは、**オンボーディングの指標を決めているので、イネーブルメントチームがオーナーシップをとることにしている入社3カ月までの新入社員の販売実績。**オンボーディングに関しては営業と共通の指標になっており、販売実績が目標数字を達成した人の割合で評価している。

　KPIを定めたのは、イネーブルメントチームのメンバーが増えて、プログラムをつくって展開したあたりから。「評価をどうするか？」となって、オンボーディングの数字を追うことにした。なるべく定量的に、数字で振り返れるほうがいいということから、プログラムの構築をKPIにするのはどうかという議論もあった。現在は、達成者の割合をベースに置き、なかばキーリザルト的な感じでプログラムをつくれたかどうかを見ている。

　イネーブルメントチームを率いる畑井さんも、チームのメンバーも同じKPIで、メンバーは担当しているスモール、ミディアム、エンタープライズのセグメントごとに評価している。このKPIは上層部とも共有しており、毎月アップデートしている。

―― イネーブルメントに取り組んで一番変わったことは何か？ ――

戦略をもとにしたサイクルがスムーズに回せるようになった

　「これは、イネーブルメントというよりも事業企画部がつくられたことによる効果かもしれませんが、定量的に振り返るという文化はつくれたのではないかと思います」と語る畑井さん。各種ミーティングでは、基本的にSFAのデータをもとに会話がなされていく。以前のように感覚的な議論がなされることはなくなった。
　事業戦略があって、戦術があって、イネーブルメントはその先のものだ

と考えている。戦略をもとにしたサイクルを回すための、1つの、しかし重要なパーツという位置付けだ。

　例えば、スモールのマーケットを伸ばすために商談数を確保すると決め、プロモーションをやって失注顧客を掘り起こすとなったら、それに対してどういう売り方をすればいいのかを設計し、教育するのがイネーブルメントの役割となる。イネーブルメントによって、戦略をもとにしたサイクルがスムーズに回せるようになった。

　入社後1カ月、イネーブルメントチームのトレーナーがずっとついているので、新入社員との人間関係が強くなる。
　そして、新入社員は「誰かしらがフォローしてくれている」という安心感を抱く。入社後数カ月して伸び悩んでいるようなときには、イネーブルメントチームのメンバーに相談する若手営業も多い。

――― イネーブルメントを進めるうえでのハードルと乗り越え方 ―――
イネーブルメントチームのメンバーの人選はけっこう難しい
　イネーブルメント部門の体制を整えようとするとき、一般的にその投資判断が難しいものだが、同社の場合、営業人員を大幅に増やし、営業の生産性を下げないためにはイネーブルメントが必要との経営層の認識があり、トップダウンの取り組みだったため、その点の難しさはなかった。一番のハードルは、「イネーブルメントチームの人的リソースの確保」だった。
　イネーブルメントチームのメンバーには、企画力と、ボトムアップ思考ではなくトップダウンのレバレッジ思考、つまり経営的視点が求められる。営業部のメンバーの中には、イネーブルメントをやってみたいという人もいるが、これらの思考力やスキルが伴っているとは限らない。営業も優秀な人を簡単には手放そうとしない。

　現在は、営業のトッププレイヤーの中でも企画業務のスキルや興味関心を持つメンバーを中心に参画してもらっているが、ゆくゆくはイネーブルメントチームを企画力・経営的視点を体得するためのキャリアパスとして位置付けるようなことも考えている。

外部から採用することも試みているが、その際に求める要件として、「営業が好き、営業をサイエンスしたいというマインドと、経営的な視点、俯瞰的に見られるかどうかが重要」と畑井さんは考えている。

―― 今後の展望 ――

組織拡大に対応した改善と既存営業への施策の充実

オンボーディングフェーズのプログラムについては一定の評価を得ているが、今後も採用を拡大していくので、「改善を重ねてより良いものをつくること」「今後出てくるであろう新しい機能に対応し、営業現場に落とし込んでいく施策」「既存営業、特にエンタープライズ向けの How to sell の型づくり」という3つが取り組むべき当面の課題だと畑井さんは考えている。「まず戦略があり、それに対して必要なところをイネーブルメントで埋めていく」という姿勢が貫かれている同社の現状は、あるべき姿に見える。

今後、組織が拡大していったときに、戦略部門とイネーブルメント部門の距離感に変化が出るのか出ないのか、注視していきたい。

事例

02　NTTコミュニケーションズ

NTTコミュニケーションズ株式会社は、1999年、長距離・国際・インターネット通信を担う会社として設立されたNTTグループ企業。OCNなどのインターネットサービスからグローバルネットワークサービス、さらにはAI／IoTなどを活用したスマート事業まで、顧客ニーズに応えながらビジネスを拡大してきた。第二営業本部Data.Camp Senior Manager徳田泰幸さんにイネーブルメントへの取り組みについてインタビューした。

徳田泰幸　Tokuda Yasuyuki

入社より15年法人営業に従事し、セールスのプロフェッショナル人材として社内認定。2016年より当本部の営業戦略・人事／育成を担当。営業行動スキル細分化・各育成プログラムの開発に従事し、2019年より現所属。国内SalesTech・営業改革関連イベントにおいても多数講演。

―― ビジネスの概要と営業組織の人数

兼務によるヴァーチャルチームで1年半の助走期間

　第二営業本部は、東日本エリアを中心とした大手・中堅企業の新規顧客開拓を担う部署で、営業人員は田町オフィス200名と北海道、東北、新潟、長野、北関東の5支店の計100名を含めて合計300名、平均年齢は47〜48歳。**Data.Camp**という組織はイネーブルメントを担当する専担部署として立ち上げ、この300名をカバーしている。データを収集、分析を行い、営業戦略に利活用していくという意味を込めてCollect-Analyze-Marketing-Planningの頭文字からネーミングされた。

　Data.Campは、正式には2019年5月に結成されたが、その前に1年半ほど、8、9名の兼務によるヴァーチャルチームとして活動していた。
　現在のメンバーは、**本務12名、兼務14名の計26名。**本務のメンバーには、もともと営業データ分析をしていた人から販売企画、フロントの営業まで、営業プロセスを網羅できるようにバランスよく人員を配置している。

さまざまな知見を結集させて戦略コクピット機能を創設

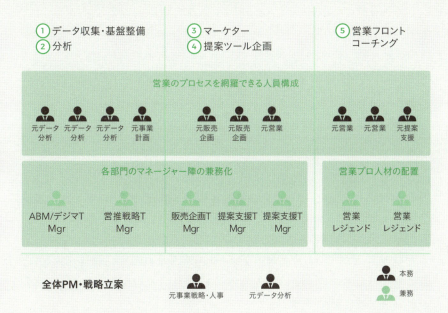

4-4. Member

　兼務については、田町オフィスに8名、支店に北関東2名、他の4支店に1名ずついる。田町オフィスでは、営業推進部門のABM (Account Based Marketing) チーム、1.5列目で提案支援しているチーム、各サービス組織との橋渡しをしているチームなど、各施策を行う全チームのマネージャー6名を兼務にしている。

　また、「営業レジェンド」と呼ばれる営業の凄腕2名も兼務だ。Data.Campが施策を推し進めるにあたって、各部署が勝手な行動をすることなく、1つの方向に向かっていけるように配慮したチーム構成になっており、イネーブルメントの中でも重要になってくる営業フロントコーチングにも十分に対応できる体制だ。営業300人に対応するイネーブルメント組織と考えると、非常に贅沢な人員配置になっている。

このような人員配置ができたのも、もともと事業戦略・人事育成を担当していた徳田さんと取締役本部長を含む当本部の上層部とが頻繁にコンタクトをとり、データドリブンにScience of Sellingを追求していくこと、そのためにはイネーブルメントをかけ合わせる必要があることの確認ができていたからだ。
　そのため、営業改革を進めるためにイネーブルメント組織であるData.Campを正式につくることが、トップからのメッセージとして力強く発信された。

　一方で、徳田さんは営業部長やマネージャーに対して、「営業から人を出してもらうけれども、Data.Campのメンバーが各営業チームを回って生産性が上がるようにサポートするので、結果的にリソースが増える形になる」と伝えて、地道なロビー活動を続けた。
　現場の協力が得られたのも**「ヴァーチャルチームでの各種イベントなどの活動で、イネーブルメントの考え方が徐々に伝わっていたことが大きい」**と徳田さんは振り返る。

―― イネーブルメントに取り組むことになった背景 ――

複雑化した商材に対応した
営業のスタイルチェンジが必要に

　ネットワーク、データセンター、クラウドなどの「高品質なインフラサービス」、AIをはじめとする「データの利活用を推進するサービス」、その利活用を支える「セキュリティ／マネージドサービス」の提供を通じて、顧客のデジタルトランスフォーメーションをワンストップでサポートするNTTコミュニケーションズ。
　かつては1つの商品・サービスを売ればよかったものが、顧客ニーズの変化に対応する形で、取り扱う商材が増え、商材自体も複雑化し、従来に比べて提供するソリューションは多岐にわたっている。
　すると当然ながら、従来は単一の売り方で対応できていたものが、対応しきれなくなる。LOB（Line of Business）の開拓、B2B2Xモデルによる共

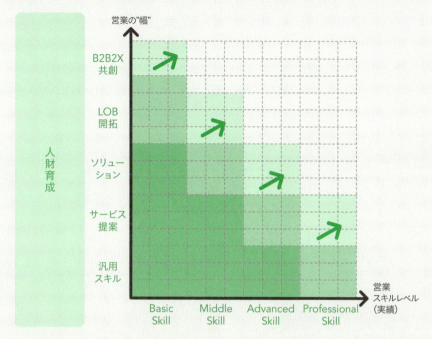

4-5. イネーブルメントの必然性（1/2）

創ともなればなおさらだ。複雑化した新しい商材を売るための営業に変化する必要がある。

　ところが、従来の営業スタイルに慣れたベテランが多いこともあり、なかなか柔軟な対応ができずにいた。

　そこで、新しいビジネスにチャレンジしていくために必要な人財育成、営業のスタイルチェンジをしていくための仕掛けとしてイネーブルメントに着目した。

　複雑化した商材の提案営業に対応できるか、また、長期化した商談のどのフェーズが得意で、どのフェーズになると引っかかるか、商材とフェーズ両面から見たスキルに細分化して、それぞれの状況に必要な要素、ハイパフォーマーの行動モデル、活動データ・マーケットデータ、外部の知見を集約し、そこから導き出される育成施策、必要な提案ツールの提供、

外部リソースの活用といった施策を打っていくという、1つの戦略に基づいた営業組織の変革が必要だった。

　もちろん従来も、人材育成のためのさまざまな研修が行われてきた。しかし、実際の営業プロセスと条件が異なり、現場感・実務性に欠けるケースや、営業の成果に直接結びつけるのが困難なケースも散見されていた。

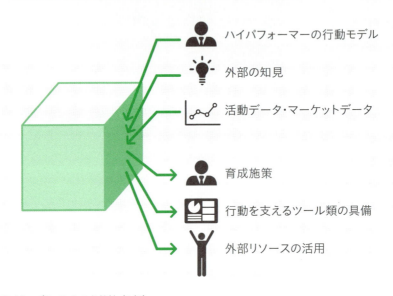

「同じ戦略」のもと、組織能力向上を多視点で実現していくことを目指す。

4-6.イネーブルメントの必然性（2/2）

（編集注）
B2B2X：
　自治体や他分野の事業者などのサービス提供者（B）との連携を拡大、「黒衣役」「触媒役」としてデジタルトランスフォーメーションをサポートすることを通じ、サービス提供者とともに社会的課題の解決やエンドユーザー（X）へ新たな価値創造を提供する取り組み。

―― イネーブルメントチームのスコープと経営層の期待値 ――

営業フロントにSales Techを浸透させるための橋渡し役

　Data.Campは、Sales Techを追求して、営業に関わるあらゆるデータを蓄積・分析し、データドリブンに1つの戦略のもとに利活用することを目指している。そこでまず、組織の中にある、営業成果につながるさまざまなデータを集約することが求められる。

　データの中心的な存在が、営業活動／顧客情報だ。第二営業本部は営業活動／顧客情報を蓄積・活用するために6年以上の年月を費やしている。フェーズ1でSFAを導入、フェーズ2でABM(Account-Based Marketing)やインサイドセールスに取り組み、営業活動に関わる幅広いデータを蓄積してきた。

　これまでの膨大なデータが蓄積されてきたからこそ、データドリブンのイネーブルメントアプローチが可能になっている。

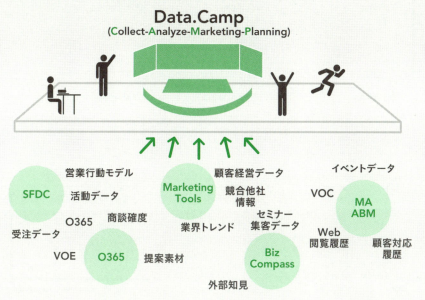

4-7. さらなるSales Techの追求へ

セールス・イネーブルメントの取組事例　163

これらの膨大なデータを武器に、Science of Sellingのアプローチ、セールス・イネーブルメントのアプローチの両面から、「効果的なセールスにより、最短距離で顧客への価値提供に到達する」ための枠組みとして、**"9dots" Framework**があり、Data Collection、Operation、Analytics、Value Making、Contents、Training、Coaching、Collaboration、Customerを実現することがData.Campに課せられている。

　機能としては、営業フロントにSales Techを浸透させるための橋渡し役として、①データ収集・基盤整備、②データ分析、③マーケット分析、④提案ツール企画、⑤営業フロントコーチングの5つの機能が求められている。
　データ分析ができるようにデータを整え、営業目線で受注率の向上に役立つような分析、業界・企業分析をする、ヒット率が高い提案シナリオの企画、市場動向・トレンドを踏まえた提案テンプレートの作成、営業手法のコーチング、訪問同行などをして、生産性を向上させる、Data.Campのメンバーが営業同行するなど、かなり踏み込んだ支援をしている。

イネーブルメント →

Training	Coaching	Customer
✓ 細分化されたスキルエッセンスの習得に向けたプログラムを開発する ✓ 各々の持つスキルエッセンスの伝播手段を実行する	✓ セールス活動の中で、パフォーマンスを最大化するセールスメソッドを日々の営みの中で伝達する ✓ 顧客のインサイトへの価値提供に固執したセールスで周囲に影響を与える	✓ 効果的なセールスにより、最短距離で顧客への価値提供に到達する ✓ 顧客・業界・社会への貢献に対して、固執する
Contents	**Collaboration**	**Value Making**
✓ セールスに必要なスキルエッセンスを細分化し、定義する ✓ 効果的なセールスを行うための素材の創出・調達・提供を行う	✓ アウトプットの創出に拘り発信し、プレゼンスを向上させていく ✓ 人（アナログ）とデータ（デジタル）の融合による次世代のセールスを提唱していく	✓ 有効な提案シナリオに基づき、顧客に与える価値・成果を発信する ✓ 顧客に与える価値・成果を最大限に感じてもらうメソッドを確立する
Data Collection	**Operation**	**Analytics**
✓ 社内外の有用なデータを収集し、蓄積することで知見やノウハウを1カ所に集めた効果的な集合知の糧を形成する ✓ セールスのパフォーマンスを高める最新のテクノロジーの目利きを行い、導入する	✓ セールス組織における日々の活動をモニタリングし、課題の早期発見を行う ✓ 活動状況を効果的に発信し、周囲に気づきを与えていく	✓ 顧客を深く・速く分析し、顧客差のインサイトに基づいた提案シナリオを考える ✓ 活動データ、マーケットデータからセールスにおける次の一手を導き出す

→ Science of Selling

4-8. "9 dots" Framework

セールスフロントにSales techを浸透させるための橋渡し的存在

1	データ収集・基盤整備	活用するデータ基盤・各システムの導入と整備を行う。データドリブンな営業活動の浸透度・活用度の向上を目標とし、必要な抽出ロジックの検討も進める。エンタープライズ向けのAIセールスメソッドの検討。
2	データ分析	仮説に基づいた具体的なユーザーピックアップや価格分析を行い、受注率の向上を目指す。受注進捗率やPPL状況のモニタリングも行う。
3	マーケット分析	市場動向・トレンドを踏まえ、有望マーケット、ターゲット等の仮説を立て、ヒット率の高い提案シナリオを企画することで、一人当たりの生産性を上げていく。
4	提案ツール企画	市場動向・トレンドを踏まえ、提案テンプレートの作成や、Battle Cardの整備等を行うことで受注率の向上と質の高いPPLの創出を目指す。
5	営業フロントコーチング	各営業商談の進捗状況をモニタリングしながら、営業手法のコーチングや提案の伴走を行い、全体の事業計画の達成を目指す。暗黙知の可視化（データ化）を並行して目指す。

4-9.5 Functions

　社内のデータ蓄積作業の1つとして、ヴァーチャルチームのころから約2年間、ハイパフォーマーのインタビューをしてきて、約110の細分化したスキルが手もとにある。
　例えば、「初訪問のとき、最寄り駅から訪問先まで何を考えていくか」「上手なアイスブレイクの方法」「社内が動いてくれるようにするにはどうするか」など、「こういうときは、こうする」という形の超実践的なスキル一覧として、ちょっと面白い形のものにしようと今模索している。

　経営層の期待値は、Data.Campスタート時に比べて現在はものすごく大きくなっている。会社が大規模に変わったとき、営業推進の機能をもっと強化するという話になったときは、Data.Campの取り組み自体を中心にせざるを得なくなるので、できるだけ早く他のセールス組織に対してプレゼンスを上げることが望まれている。社長、副社長を含めた経営陣からの注目度も高く、目に見える成果を早く出すことを期待されている。

―― 何から始めたのか？　それはなぜか？ ――

実務的で、みんなが楽しめる企画として
シェアリングサクセスから始める

　ヴァーチャルチームとして活動を開始したイネーブルメント組織は、まずシェアリングサクセスから始めた。営業が身近に感じられるイベントとして、成功事例の共有会を開き、面白おかしく、かつ実務的で、みんなが楽しめる企画であれば参加者も増え、次につながる。結果的に、目指すところの**「自発的に学習する文化の醸成」**への一番の近道だと考えた。

　「大きな企業で、給与体系的にも特に大きなインセンティブがなかったりすると、自発的に勉強するとかレベルを上げていくという意欲は、インセンティブのある企業に比べてどうしても弱くなります。だったら、参加したくなるようなコンテンツで、楽しく勉強できるようにすればいいんじゃないかと思いました」と徳田さんはその背景を教えてくれた。

　このような理由から、**Data.Campの活動は、学習する入口も用意する、営業提案用の資料も提供する、時には営業にも同行する**という手厚い支援になっている。

　シェアリングサクセスと並行して、ハイパフォーマーのインタビュー、受注分析を進めて、イネーブルメントによる育成プログラムに何が必要かを知り、一通りのものをそろえるための準備をしていった。

　ハイパフォーマーのインタビューで、営業組織に眠っている営業ノウハウを可視化していく。どういった行動や言動が顧客との関係性を深め、受注につながったのか、といったハイパフォーマーのスキルを聞き出し、分類し、再現性のあるスキルとしてエッセンスを抽出する。
　属人的なノウハウは、その人が辞めた瞬間に会社のノウハウではなくなる。大量採用世代の退職、進む人材の流動化を考えると、レジェンド、ハイパフォーマーが持つスキルを会社として全部吸収しておく必要がある。社内のスキル・ノウハウの可視化・吸収は、「どの会社も絶対にやるべき」

と徳田さんは強調する。

==受注分析においても、顧客との初期の関係性づくりから、提案、受注に至るまでの全プロセスについて行動にフォーカスしてヒアリングする。==

　例えば、失注になりそうになったときに何をやってV字回復したのか、競合が出てきたときに何をして打ち勝ったのか、どう顧客に説明したのか、一つひとつ聞き出して行動レベルでのエッセンスを抽出する。

　面白そうなケースは、シェアリングサクセスで話してもらった。また、アイスブレイクなど、細かなテーマ・スキルに絞り込んだ1時間程度の勉強会に仕立てて提供している。

　Data.Campが正式に発足する前は、メンバーの全員が兼務のヴァーチャルチームとして活動していたわけだが、この点はどうだったのか。

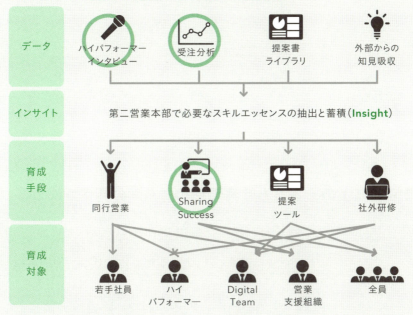

4-10. イネーブルメントによる育成プログラム

ハイパフォーマーのどういった行動や言動がエンゲージメント活動において
有効だったのかをインタビューし、再現性あるスキルを抽出

フィルタリングの対象となる要素例	抽出すべき要素例
相手のキーパーソンと●●がたまたま知り合いだった	どうやってキーパーソンにアドバンテージを訴えたか
顧客が弊社商材前提で検討されていた	顧客にどんなVisionを提案していったか
値段を安くできた	どうやって値段を維持しつつ受注まで持っていったか

→ 再現性のあるスキル・エッセンスを抽出

4-11. ハイパフォーマーへのインタビュー

「会社によって事情は違うと思いますが、本務をやりながらイネーブルメントの業務もやっていたことで、現状の課題点、つまずきポイントを知るという点では良かったんじゃないでしょうか」と徳田さんは語る。

―― 提供するプログラムのテーマをどう決めているのか ――

営業戦略上の必要性と営業現場のニーズの高さで決める

164ページで紹介したように、"9dots"Frameworkには①データ収集・基盤整備、②データ分析、③マーケット分析、④提案ツール企画、⑤営業フロントコーチングの5つに関するプログラムを提供することが期待されている。

具体的なテーマ・優先順位は、営業戦略上の必要性と営業現場のニーズの高さで決めている。営業マネージャー、営業フロントとのコミュニケー

ションの中から、また、営業レジェンドが営業フロントに対してもどかしいと思っていること、それをどうすればできるようになるかといった話の中からテーマを絞り込んでいく。

そして、Sales Tech、データドリブンの観点から、データ分析部隊のデジタルの部分と営業現場のアナログの部分をつなぐ橋渡し的な役割をData.Campが果たすことで、データドリブンな営業組織をつくろうとしている。

集めたデータを分析し、営業現場が使えるように加工して渡して、使ってもらう。Sales Techを追求していくプログラム・資料を提供する。

例えば、SFAのデータをタブロー（Tableau）に入れると、顧客への提案・受注状態がわかり、「このチームはセキュリティの提案をまったくしていない」というようなことが見えてくる。

そうした場合、セキュリティ系のオファーリング資料を用意して、「これで回りましょう」とData.Campから提案する。データの分析・提供だけでなく、営業の実行のところまでサポートする。「動かないのならうちが行って取ってきますよ」とまで言って、Noと言わせない。

営業マネージャーを対象としたイネーブルメントとして、今整備を進めているスキル一覧を活用したチームメンバーとの1on1のアドバイス、マネジメント、ラインケアの質を高める取り組みを予定している。財産であるスキル一覧をさまざまな形で活用していきたいと考えている。

営業現場の反応も次第に変化

ヴァーチャルチームでのスタートから2年が経ち、営業現場の反応も変わってきた。

最初は、イネーブルメントについてまったく理解されていなかったので、「育成をやってくれるチームでしょ」くらいに思われていた。

しかし、シェアリングサクセスやさまざまなデータ・資料提供をしていくうちに、「営業現場の支援をしてくれるチーム」というような認識に変わりつつある。

これから、後手に回っていたトレーニングメニューがスタートして、フル

―― 追っている指標（KPI）――

受注率を最も注視

　ヴァーチャルチームで始めた当初は、徳田さんが事業戦略を担当していたこともあり、事業計画の数字全ての達成を視野に入れていた。
　現在は、受注率を最も注視している。パイプラインに変なものが紛れ込んでいないか、ムダのない営業ができているかを見ている。2番目に来年度の仕込みパイプライン、3番目に当年度の数字を見ている。受注率が最重要と公言することで、SFAに蓄積されるデータの質も上がると考えている。2019年度下期からは、毎月、数値・状態をチェックしていく予定だ。

　Data.CampのメンバーのKPIとしては、特別なものはセットしていない。研修の回数や、用意した資料の枚数の数値は、商談・受注といった営業の成果とつながるものではない。だから、営業の数字、第二営業本部全体の数字達成に向けて、メンバー全員で走っている。

―― イネーブルメントに取り組むことによる一番の変化は何か？――

ナレッジの共有スピードが速まり、学習意欲が増大

　社内でのナレッジの行き来がとても多くなった。
　例えば、シェアリングサクセスを開いて、発表者の資料を欲しいといって、営業パーソンがその人にコンタクトする。もともと有名な営業パーソンだけでなく、あまり目立たなかった意外な人にも発表してもらうので、それまでにはなかったコンタクトが大幅に増える。

　また、喋ってもらう内容を汎用化した資料・ツールをData.Campで事前につくっておき、シェアリングサクセスしてから配布したりもするので、個々に眠っていたナレッジが広まり、共有されるスピードがとても上がっている。

加えて、学習する意欲も格段に高まっている。
　シェアリングサクセス後のアンケートには、「すごく楽しかった」「また参加したい」という声がたくさんあり、リピーターが増えて、その人が次に他の人を連れてきたりする。

　来なさそうな人をあえてゲストとして呼んだりして参加者を広げる工夫や、登壇者の名前が入ったうちわを用意したり、プロモーション用のポスターを張り出したりして場を盛り上げる工夫もしている。緊張して硬い表情をしている発表者を、司会役の徳田さんがいじったりして場を和ませ、楽しいイベントにしている。

　受注分析でヒアリングしたデータから、案件と営業パーソンにミスマッチがあるような人も発表者に選んで、「これだったら自分にもできる」と他の人に思ってもらえるように、データとアナログを組み合わせて、意外性を演出している。

　また、受注分析から喋ってもらうポイント、すなわちラーニングポイントを絞り、Data.Campで資料を用意する。暗黙知を形式知にして、他の人が使えるように汎用化する取り組みを続けることが、ナレッジ共有のスピードアップと学習意欲の向上につながっている。

―― イネーブルメントを進めるうえでのハードルと乗り越え方 ――

既存組織との役割分担の交通整理に時間がかかる

　イネーブルメントは部門横断的な取り組みなので、既存の各組織と、どこからどこまではどちらがやるのかという摩擦がどうしても生じる。育成もやれば提案支援もコーチングも同行もして営業の伴走をする。各組織と機能がかぶってくる。

　最初のうちは「イネーブルメントって何？」という共通理解もないままに動くので、境界線をどこに引くか、という各組織との交通整理に時間がかかる。その点はある程度事前に予測していたので、各施策をやっている全チー

ムのマネージャー6名を兼務にして、1つの戦略のもと、各施策をみんなで一緒にやっていくんだというメッセージを出しておいた。

また、現在抱えている大きな課題として、Data.Campは第二営業本部の組織であって、全社的にイネーブルメントを担当しているわけではないという点がある。

今後、全社の人材戦略にどう関わっていくのか、次世代の人材がどうあるべきかについて人材戦略部門との連携・すり合わせを始めている。

現場を知っていること、視野が広いことは必須

イネーブルメントチームの人材要件として確実に言えるのは、"現場を知らないとダメ"ということだ。

どういうときに苦労して、どういうことをすればうまくいくのかという実体験とメソッドを持っている人が望ましい。部門横断的な働きをするので、多角的にいろいろな見方ができる人が向いている。

今、どのチームが何をやっていて、どういう課題にぶつかっているのか。戦術的な部分だけでなく、例えば、このチームの上司とこの部下は人間関係がギクシャクしているというような要素も把握したうえで対応する必要がある。

何をやるのか、という明確なミッションの共通理解がないところからスタートするので、地道にロビー活動をしてまわりに仲間を増やしていく泥臭さも必要。ある瞬間の突破力、そこに至るまでコツコツと準備する力など、事業をするうえでは必須ともいえる総合力が求められる。

――― 今後の展望 ―――

営業推進機能の最大化を目指す

データドリブンな営業戦略、戦術の策定能力を進化させ、営業推進機能の最大化を目指して、次の4つの方向性を追求していく。

① コンサルティング機能の充実（顧客とのビジネス創造を牽引する立案力・マ

ネタイズスキルを具備したプロ集団の組成）
② マーケットプロ人材と高度なKMS（knowledge management system／業界や商談に関わるマーケティング機能、KM機能とサービス組織へのフィードバック機能の充実）
③ Augmented Analyticsの実現（単なる分析結果提供だけでなく、次の行動を示唆する拡張分析の実現）
④ Cockpit-on-Demand機能（営業フロントが必要な情報をいつでもどこでも入手できるような情報発信能力の拡張）

　営業が次に何をすべきか、そのための資料はこれで、提案ツールはこれを使うというようなアクションのところまでAIが自動的に指示を出せるようになることを考えている。
　そして、Data.Campの取り組み自体をショーケース化・ビジネスモデル化して、Sales Techで苦戦している企業に対してアドバイスできる存在になることを目指している。

　これらの取り組みは、SFAをはじめとするさまざまなデータの蓄積があるからこそできることだ。正確なデータを迅速に入力することを評価プロセスに組み込むなどして、有用なデータを蓄積することが大きなカギとなる。

　Data.Campが全社のイネーブルメント組織として営業フロント全体をカバーするようになることも想定できる。そのとき、Data.Campの機能、現場との関係性がどのように変わるのか、あるいは変わらないのか、注目していきたい。

事例

03　セールスフォース・ドットコム

　クラウドアプリケーション及びクラウドプラットフォームの提供をしている株式会社セールスフォース・ドットコム。米国セールスフォース・ドットコムは1999年創業、日本法人である同社は2000年に設立され、グローバル、日本ともに高成長を続けている。同社執行役員・Sales Enablement／営業人材開発部本部長の安田大佑さんにイネーブルメントへの取り組みについてインタビューした。

安田大佑 Yasuda Daisuke

2011年にセールスフォース・ドットコムに入社以来、年50％以上の成長率で地方広域ビジネス部門をリード。年間300社以上のデジタルトランスフォーメーションのコンサルティングを実施。2019年からは営業人材開発部門 部門長として人材開発・顧客の営業戦略コンサルティング行う。

―― ビジネスの概要と営業組織の人数 ――

分業体制で営業組織を構成し、営業生産性をアップ

　SaaS（Software as a Service）型で顧客関係管理（CRM）、営業支援（SFA）といったツールを提供することからスタートした株式会社セールスフォース・ドットコム。企業における営業活動に必要なものを一通り1つのプラットフォームで管理できるようにするために、さまざまな企業を買収して提供する商品・サービスの幅を広げて業務を拡大し、高成長を続けている。顧客は、個人事業主から大手製造、金融、損保会社のようなグローバル企業や公的機関まで幅広い。

　営業のモデルとしては、広告やイベントで潜在顧客を集め、その潜在顧客にセールスディベロップメントという内勤営業が電話をかけて、顧客のニーズと提供できるソリューション、見込みのレベル感、検討時期などを確認して外勤営業につないでいる。潜在顧客を確度の高い見込み客に育てるセールスディベロップメントチームがあることによって、会社全体として

営業効率が非常に高くなっている。

　外勤営業は、見込み客のところに訪問し、ビジネスの状況、戦略、商品やサービスの特徴などを確認しながら、顧客企業が成功するためのソリューションを提案する。提供する商品の特性上、システムをどう使っていくのか、どう設定していくのかというコンサルティングがどうしても必要になるため、営業に求められるスキルセット、ソフトスキルは非常に多岐にわたる。

　サブスクリプション型のモデルでは、常に顧客の満足度を上げ続ける必要がある。顧客の成功支援を専任としたカスタマーサクセスグループがあり、大手顧客であれば、外勤営業に対して同等の割合でカスタマーサクセスマネージャーがついている。

　社員数は公開情報で現在1500名余（2019年4月時点）、その約半数がシステムエンジニアも含めた営業部隊で、イネーブルメントが関わっている。2024年には3500名に倍増する計画で拡大を続けている。

―― イネーブルメントに取り組むことになった背景 ――

中途採用者の立ち上げを加速するためのブートキャンプが発端

　同社では、高い企業成長を続けるために、毎月数多く採用されている中途社員の立ち上がりを早めるために、インプット、トレーニングに徹する「**ブートキャンプ**」と呼ぶ1カ月間のプログラムが提供されている。

　現在、3週間に期間を圧縮しているが、ブートキャンプでは、前半の1週間で会社の歴史、ビジネスモデル、製品など、全社員が共通して理解しておくべきことを時間をかけて教え、後半は営業に特化した顧客の経営課題の分析手法、提案へのつなぎ方など、顧客を成功に導くアドバイザーになるためのプログラムが続く。

　「カスタマーサクセスという企業の哲学、コアバリューがあります。お客様を成功に導くために営業は何を伝えていけばいいのか、お客様にどんな影響を与えられたらいいのかということを入社後すぐに教育するのがブート

キャンプです」と安田さんは語る。実際、同社で働くことの意味合い、企業文化を理解・体感してもらうことで退職率の低減にも結びついている。

　ブートキャンプのプログラムのスタイルは、アメリカ本社との連携と日本独自のニーズを組み込みながら常に進化を遂げている。今は、オンライン学習プラットフォームの「トレイルヘッド」で自己学習・インプットして、設定した1つの顧客ケースについて課題発見・対応をどうすればいいのかをグループでアウトプットし、最終的に模擬提案をつくりプレゼンするという、より実践的な内容になっている。

　中途入社者が一定期間現場に出ることなく教育を受けることになるが、営業マネージャーも営業リーダーもみなブートキャンプの価値を理解している。ブートキャンプで基礎をきちんと教えてもらえるという安心感、共通言語がそこでつくられるという信頼感が共通認識としてある。ラーニングカルチャーの醸成が最初のブートキャンプから始まっている。

――イネーブルメントチームのスコープと経営層の期待値――

新入社員、営業チーム別はもちろん、顧客や学生に向けた取り組みも

　イネーブルメントは、ビジネス戦略を起点とした営業人材開発の枠組みであり、人材開発・育成が単体で扱われるのではなく、戦略・業務・仕組みと密接に連携している。

　会社の戦略、企業文化やビジネスゴールをしっかりと理解し、成功の型を、平均的な営業が着実に階段をのぼっていけるプログラムに落とし込み、日々の業務に使うツールを使いこなせるように習慣化し、営業成果と育成成果の連動を可視化する取り組みだ。

　イネーブルメントが対象とする範囲は、中途社員と5年ほど前から始めた新卒採用の新入社員の立ち上がり期、立ち上がってからの営業チーム別に行う成長加速期、営業リーダーになりたての人あるいは次期リーダーを対象にしたステップアップ期がある。

人材開発が単品で扱われるのではなく、戦略・業務・仕組みと密接に連携している

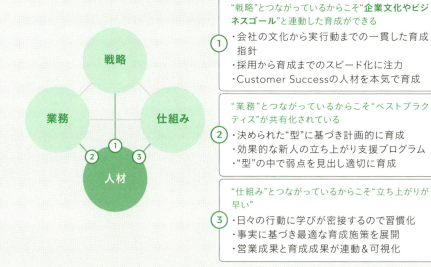

① "戦略"とつながっているからこそ"企業文化やビジネスゴール"と連動した育成ができる
・会社の文化から実行動までの一貫した育成指針
・採用から育成までのスピード化に注力
・Customer Successの人材を本気で育成

② "業務"とつながっているからこそ"ベストプラクティス"が共有化されている
・決められた"型"に基づき計画的に育成
・効果的な新人の立ち上がり支援プログラム
・"型"の中で弱点を見出し適切に育成

③ "仕組み"とつながっているからこそ"立ち上がりが早い"
・日々の行動に学びが密接するので習慣化
・事実に基づき最適な育成施策を展開
・営業成果と育成成果が連動&可視化

4-12. ビジネス戦略を起点とした営業人材開発の枠組み

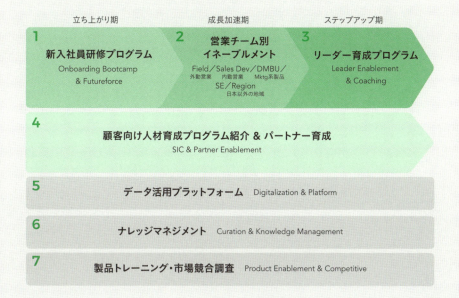

4-13. イネーブルメントが提供するサービス

加速期の営業チーム別というのは、外勤営業、内勤営業、買収したマーケティング系の商材を扱うユニット、セールスエンジニアの他、韓国、シンガポールなど日本以外の地域に対して日本独自のモデルを共有する取り組みも含まれる。

　また、顧客向けに人材育成プログラムを紹介したり、パートナーの育成も行ったりしている。学生向けにITをしっかりと理解し、活用して、経営的課題、社会的課題を見つけ解決していくためのITワークショップも行っている。いわば、「入社前のイネーブルメント」といえる取り組みだ。

　そして、データ活用プラットフォーム整備、ナレッジマネジメント、製品トレーニング、市場競合調査といったセールス・イネーブルメントを強化、可視化する環境整備もスコープに含まれる。

経営層の期待値は大きく5つ

　経営層の期待値は大きく5つある。
　1つめは、新入社員の早期立ち上がりを実現し、採用コスト、トレーニング育成コストを短期間で回収できるようにパフォーマンスを上げること。
　2つめは、退職者を減らして、さまざまな人材が長く働いてくれる環境をつくること。
　3つめは、売り上げの拡大をしつつカスタマーサクセスを実現すること。顧客の成功を実現できる人材を育てれば、自ずと売り上げも上がると考えている。
　4つめは、世の中の変化、顧客ニーズの変化に応えるために戦略的なM＆Aを繰り返し、新しい商材がどんどん増えているので、商材、覚えるべきことを整理整頓してスピーディーに営業現場に展開すること。新商材をスムーズにセールスフォース・ドットコムのファミリーに入れて、カスタマーサクセス実現のために、どういう組み合わせの提案ができるか、スペシャリストがどこにいるのかといった情報を営業現場に周知して、営業が使えるように、売れるようにしていくことが求められている。
　5つめは、パートナー育成を行い、業界全体を盛り上げていくための社外への働きかけだ。

―― 何から始めたのか？　それはなぜか？ ――

イネーブルメント担当者を決め、
経営トップがオーソライズする必要がある

　どんどん入ってくる中途社員の立ち上がりを早めるためにブートキャンプから始め、スコープを広げ企業成長を支えてきたセールスフォース・ドットコムのイネーブルメント。

　現在では、人材開発、営業のハイパフォーマー、テクノロジー担当と、各分野のプロフェッショナルが集まる大規模なチームになっている。

　では、これからイネーブルメントに取り組む企業はどこから始めたらいいのか。

　「会社のトップが、この人が担当になってイネーブルメントに取り組むとオーソライズすることです」と安田さんは語る。

　イネーブルメントは、会社の戦略を理解し、関わる部門の人が何を考えているのかを理解して進めていく。組織を縦にも横にもぶち抜いて協力を仰ぎ、ノウハウを教えてもらい、リーダーシップを発揮しながらプログラムをつくっていく。

　そのためには、**社内の協力体制が不可欠**だ。営業部内で自然発生的にイネーブルメントの動きが生まれたとしても、大抵はチームの壁を破れず広がらない。だから、全社的な取り組みにするためには、この人に権限を与えるから協力するようにとトップが明示する必要があるということだ。

　オーソライズされた人がまずすべきは、**「会社として、人材はこうあるべきだというコンセプトを固める」**ことだ。

　営業として「たくさん売って、たくさん給料をもらう」ということだけではなく、顧客や世の中のために働き、それがまわりまわって自分の人生やキャリア、家族の幸せにつながる仕事になることを示し、その会社で仕事をすることの社会に対する存在意義を体系化することだ。その会社で働く意義においては、このように仕事だけにとらわれずあるべき姿について考えることが重要。

セールス・イネーブルメントの取組事例

そして、新入社員の立ち上がりからの成長に沿ってコンテンツを決めてつくり、その順番を設計して実行していく。次にプログラムの中身の精査に入るが、そのころには、あるべき人材のコンセプトに沿ったプログラムの道筋もわかり、教える内容も決まってくる。
　続いて、効果検証の段階に入る。効果検証をするためには、ツールを使ってインプットとアウトプットの状況を可視化する仕組みを整える必要がある。自社ツールであるSalesforceを活用することで、トレーニング履歴の管理、誰が・何件・どんなことをしたのかという営業活動管理を量だけでなく、中身も含めて数字で特徴を把握、可視化できる。
　そして、一人ひとりの一活動当たりの売り上げや、1週間のタイムマネジメントなどを理解したうえで、生産性を上げるための個別のコーチングに生かすことが可能となる。

営業のスキル向上を支援するには「CRM／SFA」のデータ活用は必要不可欠。
個々の動き・顧客の声を分析することで初めて的確な1 on 1のコーチングが実現する

使うデータはこの3つ

4-14. CRM／SFAを基盤とするイネーブルメント

―― 提供するプログラムのテーマをどう決めているのか

現場に入り込んで、臨機応変にテーマを拾い上げる

　新入社員の立ち上がり期のプログラムは自ずと決まってくる。

　成長加速期では、状況の変化に応じて多種多様なニーズが生じる。イネーブルメントチームのメンバーが営業現場に入り込んで、解決すべき課題、プログラムのテーマを拾い上げる必要がある。

　営業現場をモニタリングし、マネージャーやハイパフォーマーと密にコミュニケーションをとり、苦戦している人は何が足りていないのか、どうすればいいのかといったことを全て聞き出す。

　そして、要素分解をして、全員が再現性をもって実行できるように体系化してプログラムやツールに落とし込んでいく。

　イネーブルメントは、営業パーソン、営業のリーダー・マネージャー、イネーブルメントチームの三者で行う共同作業だ。

　例えば、セールスディベロップメントという内勤営業は、新卒社員や営業経験の浅い社員がもともと多いが、中には、社会人経験が浅い人や、ITのバックグラウンドがないような人もいる。

　すると、最初の立ち上がり状況や、その後のキャッチアップに要する時間に変化が生じているというようなマネージャーからの意見が多くなれば、それに対応したプログラムを考えることになる。つまり、現場でのコミュニケーションによって、テーマが決まる。

　データの活用も進めている。イネーブルメントプログラムへの参加状況と営業達成率の相関図が出るので、プログラムを受けてはいるが営業の達成率が良くない人がわかる。

　このような社員はモチベーションが下がり、苦しんでいるだろうから、営業リーダーとコミュニケーションをとって対策を練るということも考えられる。

　現在は直接、顔を合わせてのカバーができているが、人数が多くなり、体制に変化が起きたときにはデータ活用はより重要になる。

――― 追っている指標（KPI）―――

営業達成率の中央値、案件単価など。
メンバーはV2MOMによって評価

　イネーブルメントチームのKPIは以下のとおりである。
　・入社後の立ち上がり早期化……いかに早期に一人前の営業として立ち上がるか？
　・営業達成率の向上の中央値……平均値だとハイパフォーマーに引っ張られる可能性があるので、全社的な底上げができているかどうかの指標として見ている。
　・案件単価……値引きをしないで複数の商材を提案することは難しいことであり、営業力を強化して一番効果が出るところだ。
　・戦略的に売りたい商材を売るためのトレーニングや施策
　・退職率の変化
　・トレーニング後のアンケートのコメントや満足度

会社からの要請に応えるべく3つの役割がある

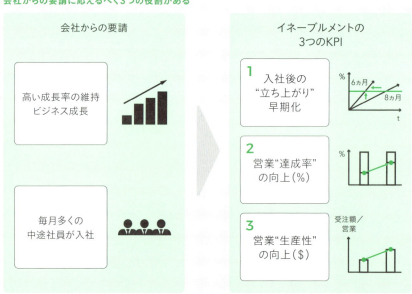

4-15. イネーブルment部門のKPI

イネーブルメントチームのメンバーは、セールスフォース・ドットコムが採用する組織の意思統一を実現する目標管理手法「V2MOM」によって評価される。
　V2MOMは、Vision（ビジョン：目標は何か）、Values（価値：なぜ重要なのか）、Methods（方法：どうやって実現するのか）、Obstacles（障害：成功を妨げる課題は何か）、Measures（基準：パフォーマンスをどう測定するのか）という5つの言葉の頭文字からなる造語で、毎年度、経営トップから一人ひとりの社員までが行いたいことや達成したいことを開示し、それを共有している。企業が目指す具体的なゴールにつながった形でブレイクダウンされている。

―― イネーブルメントに取り組むことによる一番の変化は何か？

ビジネスパーソンとしての土台づくり、コアバリューの体現

　「会社にとって大事なことを全社員が理解し、そのコアバリューの体現ができていると思います。価値判断・行動の土台がしっかりとあったうえで、それぞれの個性を発揮できています」と安田さんは語る。カスタマーサクセスを起点として、顧客のそのまた顧客のことまで考えた会話、提案が徹底されている。

　また、セールスフォース・ドットコムの元社員にも、在籍中に培った経験と知識を土台に、経営者など世の中で活躍している人がとても多い。イネーブルメントの取り組みが、人材の育成、輩出を加速している。

―― イネーブルメントを進めるうえでのハードルと乗り越え方

営業経験がある人もない人も、それぞれのハードルがある

　イネーブルメント担当に、営業現場を経験していない人がなる場合も、経験がある人がなる場合もあるが、それぞれにハードルがある。

　経験がない人の場合は、営業現場からの期待値をちゃんと集めて、信頼を得ることが1つのチャレンジになる。
　解決策は、営業現場に入り込むこと以外にない。社内でのコミュニケー

ションはもとより、営業と一緒に顧客を訪問し、提案書も一緒につくり、客先でプレゼンすることもある。カスタマーサクセスを実現するために何が必要かを、営業現場で拾い集める姿勢を示すことが、営業の信頼を勝ち得ることにつながる。

営業出身の人がイネーブルメント担当になった場合、再現性をもって体系化することの難しさに直面する。自分の成功体験はあっても、同じようにみんなができるとは限らない。

再現性のあるプログラムをつくるためには、モノを売る能力とは違う力が求められる。自力で、あるいは社内で解決できないのであれば、社外の力を借りることも考えられる。

「外部の会社に相談するのも1つの方法ですし、セールスフォース・ドットコムに話を聞きたいというのであれば、いつでも歓迎します」と安田さん。

イネーブルメントチームの人数が多くなると、各分野のプロが集うことになるので、チームとしての意味付けをしてまとめることが難しくなる。何をすれば本当に貢献したと会社が思ってくれるのかという、自己評価も含めた評価軸が見つけにくいこともあり、本当に難しい。

安田さんは現在、ジョブディスクリプションをつくり直して全員と共有している。半期に一度レビューすることも計画している。

また、各メンバーがやっていることをシェアする場をつくるとともに、安田さんが経営層・営業チームと共有した、何をやって、現場からどういうフィードバックがあったのかという情報を、メンバーとの1対1の面談でフィードバックしている。

「人の成長に興味があること」は
イネーブルメントメンバーに必須

イネーブルメントチームのメンバーに最も必要な要件として**「人に興味があること、人の成長に興味があること」**をあげた安田さん。その他には、素直で吸収力があること、いろいろな人に協力してもらわなければいけないのでコミュニケーション力が高いこと、摩擦を乗り越えて進めていく必要があるのでリーダーシップがとれること、と続けた。

必要なスキルとしては、着想から体系化していくロジカルシンキング、正確に伝え納得してもらうためのプレゼンテーションスキルをあげている。

―― 今後の展望 ――

イネーブルメントが市民権を得られるように発信を強める

　イネーブルメントという役割・職務が市民権を得るために、セールスフォース・ドットコムのユーザーもユーザーでない会社も含めて、他社のイネーブルメントチームや、イネーブルメントに取り組もうとしている会社の人たちと集まってミーティングを開いたりして、イネーブルメントの輪を広げていきたい、と安田さんは考えている。

　また、グローバルにおいて、日本の丁寧で細やかなイネーブルメントの手法を海外に発信し、アジア・太平洋エリアのイネーブルメント担当に呼びかけて集まりたいとも考えている。

　さらに、今はなかなかできていないが、社内の全マネジメント層を対象としたディベロップメントプログラムを考えている。これは今後のさらなる成長に向けた会社としての課題でもあり、確実に進めていく予定である。

　イノベーションを打ち出している会社だけあって、イネーブルメント部門もハイスピードで進化・発展し、常に新しいことにチャレンジし続けている。育成を主眼としているが、企業文化を醸成するカルチャー・イネーブルメント的な側面も持つ同社の取り組みから目が離せない。

事例企業3社についての解説

　今回、日本で本格的にイネーブルメントに取り組んでいる事例企業3社にインタビューをさせていただきました。これまでセミナーなどで各社の取り組みが部分的に紹介される機会はありましたが、実際の企業事例を体系的に取り上げたのはおそらく本書が初めてでしょう。イネーブルメントに取り組んでいる企業が日本ではそれほど多くない現在では、企業規模別に見ても非常に貴重な情報だと思います。
　ここでは、3社の取り組みを比較し、各社の特徴やイネーブルメントを導入するうえでのヒントを簡単にまとめてみたいと思います。

Sansan

　Sansanの事例は、ベンチャー企業がイネーブルメントを取り入れて成長を加速させた好事例だといえるでしょう。同社の特徴は、以下の点にあると考えられます。

① **中長期グロースプラン実現のためのイネーブルメント。ビジネスゴールの達成がイネーブルメント導入の前提になっている。導入にあたっては事業部長（経営層）のコミットメントがある**
② **戦略実現に必要な「ストラテジー、イネーブルメント、人事機能」が集約され「一体的に」営業支援を行なっている**
③ **イネーブルメントの取り組みの最初の一歩はSFAの再整備**
④ **主要な育成テーマはオンボーディング。急速に拡大する営業社員の立ち上げに成功。営業生産性を維持しつつ、マネージャーの育成負**

荷を軽減
⑤ 「育成の成果を定量的に振り返る」という文化を醸成

　①は、イネーブルメントのセオリーどおりのスタートといえます。「何のためにイネーブルメントに取り組むのか」が明確であり、経営層のコミットがあったからこそ、イネーブルメントの設計とその後の施策展開が進んだのだと思います。

　今回の3社に限らず、私がこれまで支援してきた企業でイネーブルメントがうまく機能している企業は、必ずと言っていいほど**経営層のコミット(強い関与)** があります。会社としては初めての取り組みであり、相応の投資も必要となります。ビジネスゴールとセットで営業育成の必要性を経営がメッセージ発信していくからこそ、取り組みが空中分解せずに進化してきたといえるでしょう。

　Sansanの取り組みで特徴的なのは②です。ストラテジー機能、イネーブルメント機能、人事機能(採用、報酬)が営業支援機能として集約されているケースは先進的といえます。
　実は、海外では今後イネーブルメントのトレンドは、トレーニングやコーチングなどの育成機能だけでなく、Sales Hiring(営業の採用)、Sales Compensation(営業向けの報酬設計・管理)、Sales Operation(営業管理)などの営業支援機能が包括的に含まれてくるといわれています。
　このことは、グローバルで最大の人材育成協会の1つであるATD(Association for Talent Development)のSales Enablement分科会で、ATD World-Class Sales Competency Modelとしてフレームワークが定義されています。このような方向に進んでいるのは、営業支援機能を集約するほうが効率的だからです。

　畑井さんを中心に「現場営業の生産性を担保する仕組みが必要」ということで人材育成の枠にとらわれるのではなく、「ストラテジー、採用・育成、目標管理と報酬設計を柱とする全体のロードマップ」を描き、それらの機能を実際に集約し、イネーブルメントのプログラムを提供して成果を出した

ということは特筆すべき点です。

　③についても、データ起点で育成をプランニングする際のお手本となる着手の順番だといえます。
　ポイントは、**導入後定着していなかったSFAを抜本的に見直し、顧客視点で営業フェーズを再定義した**こと。もう1つは、事業戦略ミーティングなどの会社のコアとなる経営レビューの場でSFAのデータが活用されるようにオペレーションを改善したことです。
　こうすることで、必然的にSFAデータが現場で活用されます。そのデータは顧客視点で設計されたフェーズに基づいたデータですので、分析の信頼性が高まることになります。結果的に以前にも増してSFAが活用され、そこから育成テーマのもととなるデータが抽出されるという好循環につながっていきます。

　④のような結果を出す（そのような評価を得る）ことは、人材育成に携わったことのある人であれば「非常に難しい」と実感できると思います。このような評価は、ビジネスの数値だけでなく、営業現場の実感値として感じてもらえないと得ることができません。
　急速に拡大する社員の中には、業界未経験という人もたくさんいるはずです。組織が大きくなればなるほど、未経験者の比率は増えます。その中でこの評価を得るのは非常に難易度の高いことです。この評価を得た背景には、①実践的なトレーニングプログラムを内製で整備し提供したこと、②社員の立ち上がりのKPIを決めて定量的に追跡してきたこと、この2つ大きな成功要因だと考えられます。

　⑤は、SFAが整備され、営業活動が定量的にモニタリングされると同時に、育成についても立ち上がり期間が定量的に蓄積されるようになると、営業成果と育成成果を定量的に振り返る基盤ができるようになります。**「見えないものはマネジメントできない」**わけで、Sansanは見事にこの両方を成功させた好例だといえます。

　ここまで見てきたように、Sansanは畑井さんのリーダーシップのもとベン

チャー企業のビジネス急成長を営業のオンボーディングという観点から見事に成功させたベストプラクティスでしょう。畑井さんの最後のコメントに「ゆくゆくはイネーブルメントチームを企画力・経営的視点を体得するためのキャリアパスとして位置付けるようなことも考えている」とありましたが、「経営人材輩出のキャリアパスとしてのイネーブルメント」もリードしてベストプラクティスをつくっていただきたいと思います。

NTTコミュニケーションズ

　NTTコミュニケーションズの事例は、日本を代表する大手企業において、イネーブルメントのコアコンセプトにあるScience of Sellingを仕組み化した好例だといえるでしょう。同社の特徴は、以下の点にあると考えられます。

① 複雑化したソリューションセリングと新しい顧客へのアプローチを実現するためのイネーブルメント。推進にあたっては、取締役（経営層）の強いコミットメントがある
② 1年半の助走期間（兼任体制）を経て、その後一気呵成にイネーブルメント専門チームを立ち上げ
③ 6年以上を費やして営業を科学するための営業活動／顧客情報を蓄積。イネーブルメントチームでデータを一元的に分析できる体制に
④ イネーブルメントの取り組みの最初の一歩はシェアリングサクセス。実務的な育成コンテンツを提供し、イネーブルメントの存在感をアップ
⑤ 営業の年齢層が比較的高い組織において、ラーニングカルチャーの醸成と学習意欲の向上を実現

　①は、「複雑化した新しい商材を売る」という明確なビジネス目標がセットされていました。このテーマは、幅広いソリューションを持つ大手企業

の特徴といえるでしょう。

　Sansanのようなベンチャー企業では、社員が急速に増加することから「オンボーディング」がイネーブルメントのテーマになる一方、大手企業ではベンチャーほど社員が急速には増えません。すでに幅広いソリューションを持ち、場合によっては企業買収等でソリューションが増えていきます。ソリューションが増えると提案難易度も急激に上がりますので、これまで定着していた売り方からの脱却、つまり**「営業のスタイルチェンジ」をどう推進していくか**が大きなイネーブルメントテーマになってきます。取締役第二営業本部長もその難しさと重要性を深く理解していたからこそ、イネーブルメントの取り組みがスムーズに進展したといえます。

　②にあるように、ヴァーチャルチーム（兼任）でしばらく進めてみて、効果があれば専任チーム化するというのは王道のアプローチです。NTTコミュニケーションズにおける②のポイントは2つあります。

I. **プログラムの現場展開を見据えて「絶妙な人員配置」を行っていること**
II. **イネーブルメントに必要な組織機能を描き、大幅に人材リソースを拡張（投資）していること**（9名→26名、約3倍）

　Iの人員配置は、インタビューの中でも特に感心した内容の1つでした。
　一般的に「本社発」のプログラムは「展開して終わり」というのがよくあるケースです。SFAなどのシステムはまさにその典型です。徳田さんは「いくら良いイネーブルメントプログラムを展開しても定着しなければ意味がない」という同様の課題認識を持っていました。

　営業現場は、「何が提供されるか」と合わせて、「誰がそれを提供するか」を重視します。営業が最も耳を傾けるのは「売れている営業／ノウハウを持っている営業」です。徳田さんは現場を深く理解しており、この要となる役割に「営業レジェンド（凄腕営業2名）」を兼任として配置しました。イネーブルメントの施策を理解しつつ、営業現場でコーチングをリードする役割です。

これも、兼任というところが「ミソ」で、彼ら2人は「あっち側（イネーブルメント側）」だけでもなく「こっち側（営業側）」だけでもなく、「両側」なのです。両方の役割を持っているからこそ、営業現場とイネーブルメントを「結節点」として機能し、彼らのノウハウ伝授もうまく組み合わさってプログラムシナジーが生まれていくという設計になっているのです。

　Ⅱは、経営としては特定部門に大幅な人員リソースを配置するという意思決定をしています。大手企業とはいえ、人材が潤沢にあるわけではありません。ましてやイネーブルメントはコストセンターです。人材を大幅に増やせた背景には、ヴァーチャルチーム期間で目に見える成果を示せたこと、加えてイネーブルメントに営業ノウハウや知見を集約して営業現場に展開できれば「掛け算の効果」が期待できるという考えがありました。
　営業ノウハウは、一個人に閉じている限りは掛け算になりません。幅広く営業組織に展開されることで、誰かのノウハウが複数の営業メンバーで活用され効果を発揮します。イネーブルメントはその中心的機能になるわけで、人員を増強してイネーブルメントが提供できる範囲を広げて営業を支援する体制を戦略的に充実させました。

　③は、NTTコミュニケーションズの大きなアドバンテージといえます。前章でイネーブルメント構築の5つのステップを示しましたが、イネーブルメントに取り組む以前に営業データが整備されていないケースは非常に多いです。NTTコミュニケーションズは、いわゆるSales Tech（営業テクノロジーの活用）に関わるフルパッケージの取り組みを以前から実践していました。
　このことが、イネーブルメントをスムーズに立ち上げられた大きな要因の1つと考えられます。「SFA／CRM×インサイドセールス×Marketing Automation × ABM (Account Based-Marketing)×イネーブルメント」というフルパッケージを見事に実践している事例だといえるでしょう。

　④にあるように、シェアリングサクセスからイネーブルメントを開始したことは、営業現場の目線からするととても受け入れやすかったと想像します。
　イネーブルメントのプログラムは、主に「トレーニング」「コーチング」「ツール／ナレッジ」であることはこれまで述べてきたとおりですが、受け入れや

すいのは、「ツール／ナレッジ」です。

　なぜなら、忙しい営業にとっては明日の商談ですぐに使える武器やノウハウをもらえるのが効率的だからです。シェアリングサクセスはまさに要素を満たしています。

　シェアリングサクセスの特徴は、以下があげられます。
・トレーニングほどフォーマルではなく、勉強会に近いカジュアル感
・時間は、1.5時間ほどで適度な長さ
・実際の成功事例を実際の営業が語る生々しさと臨場感
・実際の商談で使った提案書や営業トークなどの具体的なヒントが満載

　また、徳田さんはシェアリングサクセスを社内展開する際に、シェアリングサクセスでスピーカーとなる営業メンバーのポスターを作成し社内に貼って認知を促すなど、かなり凝ったプロモーション活動を行っていました。
　これは、シェアリングサクセスの参加者を増やすための宣伝であると同時に、スピーカーの営業メンバーにとっては「称賛の認知」といえる活動になります。

　シェアリングサクセスのスピーカーは任意協力です。協力したからといって人事評価が上がるわけではありません。イネーブルメント側はスピーカーにモチベーションを持ってもらう工夫が必要です。
　モチベーションを上げてもらう工夫の1つが「この営業はすごいんです！」と社内に宣伝することです。「この人はすごい」と言われて嫌な思いをする人はほとんどいません。本人も営業組織でそれまで会話をしたこともなかった人と情報交換をするきっかけが得られます。イネーブルメントとしては情報流通の起点づくりをここでも仕掛けることができるということです。
　NTTコミュニケーションズでは、このようにしてシェアリングサクセスの特徴を生かして一石三鳥以上の効果を初期に実現しました。

　⑤のラーニングカルチャーの醸成は、多くの企業が実現したいが、なかなかできていないテーマだと思います。今回のポイントは、組織規模が大

きく、かつ比較的年齢層の高い組織でそれを実現したということです。

徳田さんは、「Fun（楽しさ）」を非常に重視しました。「Learning Fun（楽しく学ぶ）」です。先に述べたポスターを使ったプロモーションも然り、「来なさそうな人をあえてゲストとして呼んだりして参加者を広げる工夫」（意外性）、「登壇者の名前が入ったうちわを用意したり、緊張して硬い表情をしている発表者を、司会役の徳田さんがいじったりして場を和ませる」といった多方面からの「Fun」づくりを行っていました。

一般的に育成というとどうしても「堅苦しさ」が想起されますが、NTTコミュニケーションズは、**「前回楽しかった→だから、次回もまた参加したい」という「学習のFunサイクル」を醸成していくことで、ラーニングカルチャーをつくり上げていった**といえるでしょう。

ここまでNTTコミュニケーションズの事例を解説してきましたが、カギとなる取り組みを詳しく分析すると、大きな組織でイネーブルメントを展開する際のさまざまな工夫が施されていることに気づきます。

一方で、組織として実行力を担保するうえで大胆にリソースを配分する経営の強い意思も示されています。

この両者のバランスこそが同社でイネーブルメントが成果を出せた大きな要因だといえるでしょう。

今後、さらにデータドリブンのイネーブルメントプログラムを展開しようとしており、その発展に大いに期待したいと思います。

セールスフォース・ドットコム

セールスフォース・ドットコムの事例は、グローバル企業におけるイネーブルメントオペレーションの好例といえるでしょう。同社の特徴としては、以下があげられます。

① **「ビジネス戦略」とその先の「カスタマー・サクセス」というカンパニービジョンの実現をサポートするためのイネーブルメント**

② 営業に関わる営業組織全部をカバー（イネーブルメントプログラムでは日本で最大規模）
③ 徹底した初期教育で営業の立ち上がりを実現
④ データに基づく育成のPDCAが回り、経営層も交えたレビューサイクルが定着
⑤ イネーブルメントがマネジメント人材輩出の基盤に

　①にあるように、イネーブルメントは営業成果に寄与する組織機能であることを、これまで述べてきました。
　事業が継続的に成長するには、営業の先の顧客が成功することが必要となります。セールスフォース・ドットコムでは、それを「カスタマー・サクセス」と呼んでおり、営業のみならず全社員にカスタマー・サクセスの教育プログラムが展開されています。

　イネーブルメントのプログラムは営業の売り方を科学するだけでなく、「そもそも営業は顧客が成功するために何を提案すべきか」ということに着目しプログラムを提供しています。カンパニービジョンを徹底するトレーニングが、中途社員が受けるブートキャンプという初期トレーニングです。
　この初期教育についてはこの後③で解説しますが、セールスフォースのイネーブルメントは、ビジネス戦略の達成はもとより、その先のカスタマー・サクセスに向けてプログラム提供していることが特徴です。

　②について、セールスフォースでは、フィールドの営業だけでなく、営業とともに動くインサイドセールスやSEなど顧客接点のある営業組織全般をイネーブルメントチームがカバーしています。
　また、提供しているプログラムが「トレーニング」「コーチング」「ツール」「システム」まであり、日本のみならずグローバルチームともプログラム連携しており、**「営業支援組織の幅広さ」×「提供プログラムのラインナップの多さ」**が同社の特徴といえます。

　もう1つの特徴は、社内のイネーブルメントだけではなく、「パートナー企業の営業」や「学生向けのイネーブルメント」など、**社外のイネーブルメントにもスコープを広げている**ことです。

社内の営業だけでなく、パートナー企業の営業も重要な顧客接点です。また、育成のスタート地点は新卒や中途社員の入社時点に限る必要はなく、入社前のポテンシャル人材（学生）に対してもイネーブルメントは可能なわけです。ここまでくると、セールスフォースのビジネスに関わる人材全体が育成対象になってきており、今後「エコシステム人材イネーブルメント」という形に発展していくかもしれません。

　③の初期教育は、セールスフォースのビジネスに大きく貢献するプログラムとして大きな存在感を誇っています。それは、毎月のように多くの中途社員が入社しており、彼らの早期の立ち上げが売り上げに直結するからです。
　一般的には、中途社員が入社すると数日のオリエンテーションを実施し、製品サービストレーニングを受けて現場配属というケースが多いと思います。営業マネージャーからすれば早く人が欲しいので、入社後早く現場に配属してほしいのは当たり前です。
　もちろん、その気持ちはセールスフォースでも同じなのですが、それでも同社は初期教育に1カ月かけてきました（現在は約3週間に圧縮）。
　それは、「初期教育をきちんと実施することが、遠回りのようで実は近道である。初期教育を受けないと、結局は立ち上がりが遅くなり、売上貢献につながらない」と分析してきたからです。

　ブートキャンプの内容について、インタビューの中で安田さんは、
・前半：会社の歴史、ビジネスモデル、製品など、全社員が共通して理解しておくべきこと
・後半：営業に特化した顧客の経営課題の分析手法、提案へのつなぎ方など、顧客を成功に導くアドバイザーになるためのプログラム
・最後：最終的に模擬提案をつくりプレゼン
と述べています。実践的・体系的なインプットを最初に提供することで、現場に出たあとの立ち上がりを加速しているといえます。

　④のデータに基づく育成のPDCAサイクルをマネジメント層とともに行っているのは、先進的な取り組みといえます。これは、SFAデータが蓄積さ

れているだけでなく、営業個人別の学習データも蓄積されているからこそ実現できることです。過去のトレーニング履歴や学習履歴をそのまま保管していてその後の分析に生かせていない企業は意外と多いでしょう。

セールスフォースは、**トレーニングを行った結果を報告するだけでなく、営業のパフォーマンスデータと組み合わせて次にどのような手を打つべきかをマネジメント層と議論し次のプログラムに活用**しています。

ここまでくれば、「プログラムの実施→結果の分析→次の打ち手の提案」という育成サイクルが組織全体で回る流れをつくることが可能となってきます。

⑤は、イネーブルメント人材の確保と活用という点で示唆があります。

安田さんはインタビューの中で、「イネーブルメントを卒業してマネジメントとして活躍する人材が増えてきている」と述べていました。

これは、イネーブルメントというポジションが「部門横断の視点」「人材の育成」「改善施策の展開と効果検証」「さまざまなステークホルダーとの折衝やコミュニケーション」といった、**まさにマネジメントに必要なスキルが必要とされる**ものだからです。イネーブルメントで得た経験を生かして実際にマネジメントの経験を積むキャリアパスが展開できます。

実際、セールスフォースではイネーブルメントを卒業して営業マネージャーに異動し、それまでの育成ノウハウやコンテンツを活用して活躍しているマネジメント人材がいるということです。

これは、イネーブルメント人材を確保する観点でも同様です。つまり、「営業ハイパフォーマー」をイネーブルメントに異動させて数年間経験を積ませたのち、新たに営業マネージャーとして配置することが可能となります。

これが実現できると、「イネーブルメント人材のローテーション」と「営業ノウハウの蓄積・流通」が仕組みとして構築可能となります。

セールスフォースでは現時点で意図してそこまでの取り組みはしていませんが、今後イネーブルメントという仕組みが一般化してきた際には、イネーブルメント人材確保とノウハウの組織的蓄積という点で有効なアプローチになるのではないかと考えられます。

セールスフォースの取り組みは、体系化されたプログラムが経営オペレーションの一部として回っているということがイメージできる好例だといえるでしょう。日本の取り組みがセールスフォースの他の海外拠点にも展開されるベストプラクティスとなっており、さらなる先進的な取り組みに期待したいと思います。

3社比較と共通点

　ここまで各社の特徴を述べてきましたが、イネーブルメントに取り組むうえでどのような共通項があるのか、3社の比較表を用意しました。

		Sansan	NTTコミュニケーションズ	セールスフォース・ドットコム
1	イネーブルメントへの期待値	●会社の中長期のグロースプランの実現	●複雑化した新しい商材を売るための営業変革支援 ●LOB(Line of Business)の開拓、B2B2Xモデルによる共創アプローチの強化	●新入社員の早期立ち上がり ●売り上げの拡大をしつつカスタマーサクセスを実現 ●パートナー育成
2	イネーブルメント組織機能	●ストラテジー(事業・営業・人事戦略) ●イネーブルメント(採用・育成) ●オペレーション(目標管理・報酬設計)	●データ収集・基盤整備 ●分析 ●マーケター ●提案ツール企画 ●営業フロントコーチング	●次世代イネーブルメント(リーダー／新卒) ●インサイドセールスイネーブルメント ●セールスフィールドイネーブルメント ●グローバル＆プログラム ●パートナーセールスイネーブルメント
3	何から始めたのか？	●現状を可視化するためのSFA再整備	●シェアリングサクセス	●中途社員向けオンボーディングプログラム(Boot Camp)
4	SFA/CRMの活用	あり	あり	あり
5	イネーブルメントプログラム	●オンボーディングプログラム ●ベストプラクティス、ナレッジの事例共有会 ●ロールプレイングプログラム	●トレーニング ●営業フロントコーチング ●営業コンテンツ／ツール ●データ分析／アナリティクス ●市場動向／トレンド情報	●オンボーディングプログラム ●営業別イネーブルメントプログラム ●リーダー育成プログラム ●パートナー育成プログラム ●データ活用プラットフォーム ●ナレッジマネジメント ●製品トレーニング／市場競合調査
6	プログラム開発	●内製	●内製	●内製
7	効果	●営業組織が倍になっても生産性維持 ●新入社員の生産性向上 ●マネージャーへの育成にかかる負担軽減 ●定量的に振り返る文化の醸成	●ナレッジの共有スピードが加速 ●営業メンバーの学習意欲が増大	●ラーニングカルチャーの醸成 ●徹底した初期教育による立ち上がりの早期化 ●データに基づく育成のPDCAサイクルの定着
8	イネーブルメントKPI	●新入社員のオンボーディング実績 ●イネーブルメントプログラム開発の進捗	●受注率 ●来年度のパイプライン ●当年度の各種営業指標	●営業達成率の中央値 ●案件単価 ●立ち上がり(オンボーディング)

4-16.事例企業3社比較

共通項は以下の6つです。

① イネーブルメントへの取り組みの起点は全てビジネス成果の実現
② イネーブルメント専門組織を設置
③ SFAの活用が大前提になっている
④ プログラム開発は内製で、実務的なプログラム提供を重視
⑤ KPIは各社とも営業成果指標と連動
⑥ ラーニングカルチャーを実現

①は、各社テーマは異なるものの、何らかのビジネス成果の実現を支援することが期待されています。

②は、イネーブルメント組織で持つ機能は異なりますが、イネーブルメント専門組織を設置している点では共通しています。

③は、SFA活用時期は異なるものの、各社とも育成テーマの抽出や効果検証のためにSFAをフル活用しています。

④は、各社とも実務的なプログラム提供を重視しており、内製で開発しています。

⑤は、各社KPIの内容は異なるものの、営業成果と連動していることは共通しています。

⑥は、各社共通で学習に対する姿勢がポジティブに変化してきていることは同じといえます。

会社の規模や運営体制は各社で異なりますが、読者の皆さんが今後イネーブルメントに取り組む際の具体的なヒントが散りばめられていると思います。

イネーブルメントの人材要件

　事例解説の最後に、イネーブルメントに取り組むうえでどのような人材を採用すべきかについて考えていきましょう。イネーブルメントの人材マーケットは始まったばかりで確たる人材プロファイルが存在しません。そこで、各社のインタビューコメントを確認し、人材要件を整理しましょう。

　事例企業3名のコメントを比較すると、ある程度共通項が見えてきます。

〈マインド〉
- 営業が好きである
- 営業をサイエンスすることが好きである
- 人の成長を支援したい

〈スキル〉
- プログラムプランニング能力
- 多角的な分析思考
- 体系化スキル
- 現場理解を得るためのコミュニケーション能力
- プログラム展開して結果を出すまでの突破力

〈知識〉
- 営業理解
- 経営ニーズ／営業部門ニーズ

　これらはいずれもイネーブルメント人材に期待したい要件です。
　さらに私の経験から以下の要件も付け加えられると考えています。

〈マインド〉
- **プロフェッショナルマインド**（営業×育成という難易度の高い業務を行っている自覚が必要）

〈スキル〉
- **スピーディーな資料作成能力**（プログラムを内製するうえでは必須）
- **データ分析能力**（営業指標を分析して育成テーマを抽出する際に必要）
- **プロジェクトマネジメント力**（複数の育成プログラムを走らせる際に必要）
- **さまざまなステークホルダーとの折衝力**（上下左右の関係者を巻き込んでプログラムを前進させる際に必要）

〈知識〉
- **ビジネスフレームワーク理解**（トレーニングコンテンツ開発や顧客理解で必要）
- **コンピテンシー理解**（営業スキルを要素分解して整理する際に必要）
- **人材育成手法に関するトレンド理解**（E-Learningやロールプレイなど、効果的な育成プログラムに落とす際に必要）
- **SFA／CRMに対する理解**（自社のSFA／CRMのシステムを使ったデータ分析の際に必要）
- **Sales Techの動向理解**（ITツールを使って営業生産性を上げる際に必要）

SanSan	NTTコミュニケーションズ	セールスフォース・ドットコム
✓ 営業が好き	✓ 営業現場理解	✓ 人に興味があること
✓ 営業をサイエンスしたいというマインド	✓ 部門横断で多角的にいろいろな見方ができる人	✓ 人の成長に興味があること
✓ 経営的な視点、俯瞰的な視点	✓ 営業現場で仲間（応援してくれる人）を増やしていく泥臭さ	✓ 着想から体系化していくロジカルシンキング
	✓ ある瞬間の突破力、そこに至るまでコツコツと準備する力など、事業をするうえで必要となる総合力	✓ 正確に伝え、納得してもらうためのプレゼンテーションスキル

インタビューコメントから抜粋

4-17. イネーブルメント人材要件に関する事例3社コメント

これらを集約すると、下の図のようになります。

当然ですが、これらの要件を全て持った人材はどこにもいません。自社のイネーブルメントの取り組みテーマに合わせて要件の優先順位を決める必要があります。

例えば、イネーブルメントの最初の立ち上げを担う人材が必要であれば、「プログラムプランニング能力」「データ分析能力」「自社の経営ニーズ／営業部門ニーズの理解」が必須になるでしょう。

また例えば、トレーニングを内製で整備することが重点テーマであれば、「体系化スキル」と「営業理解」が必須になるでしょう。

このように、イネーブルメントのステージに合わせて、要件リストを参考にしてください。

マインド

- 営業が好きであること
- 営業をサイエンスすることが好きであること
- 人の成長を支援したい
- 営業人材開発という難易度の高い業務を担当しているというプロフェッショナルマインド

スキル

- プログラムプランニング能力
- 多角的な分析思考
- 体系化スキル
- 現場理解を得るためのコミュニケーション能力
- プログラム展開して結果を出すまでの突破力
- スピーディーな資料作成能力
- データ分析能力
- プロジェクトマネジメント力
- さまざまなステークホルダーとの折衝力

知識

- 営業理解
- 自社の経営ニーズ／営業部門ニーズ理解
- ビジネスフレームワーク理解
- コンピテンシー理解
- 人材育成手法に関するトレンド理解
- SFA／CRM 理解
- Sales Tech の動向理解

4-18. イネーブルメント人材 要件（参考）

おわりに

セールス・イネーブルメントの「その先」

　最後までお読みいただきありがとうございます。図版を多用してできる限りわかりやすく解説してきたつもりですが、イネーブルメントについて読者の皆さんの理解が深まったのなら幸いです。

　本書の目的は、イネーブルメントの認知を広げるとともに、1社でも多くの企業がイネーブルメントに取り組み、一人でも多くの営業の皆さんが成功することです。多くの企業が本書を参考にイネーブルメントの取り組みを進めていただけることを期待しています。

　本書を執筆中の2019年10月、私は米国の2つのイネーブルメントのイベントに参加していました。

　1つは、ATD（Association for Talent Development）が主催するSales Enablement Certificationプログラム。もう1つは、Sales Enablement Societyが主催するSales Enablement Annual Conferenceです。

〈参考リンク（英語）〉
「ATD」　https://www.td.org/topics/sales-enablement
「Sales Enablement Society」　https://www.sesociety.org/

　ATDのプログラムは、イネーブルメントについて最新のフレームワークを学ぶためのもので、業界団体が発行するオフィシャルな認定資格が付与されます。幸運にも私は日本人として初の資格取得を実現しました。

　本書で一部紹介しましたが、ここでの学びはイネーブルメントの支援対象範囲が、Sales Hiring（営業の採用）やSales Compensation（営業の報酬

管理)、Sales Operation（営業オペレーション管理）など、**人材育成の枠を超えて広がりつつある**ということでした。「総合的な営業支援機能」としてセールス・イネーブルメントが再定義されつつあるという潮流が見られました。

　Sales Enablement Annual Conferenceでは、業界トレンド、各社事例紹介を中心にさまざまなセッションで構成されていました。
　ここでの学びは、**イネーブルメントのアプローチが、「顧客接点部門」に広がりつつある**ということです。「Customer Facing Enablement」と呼ばれていましたが、カスタマーサクセス部門やサポート部門が一例です。その中でも特に注目されているのが**「パートナー・セールス・イネーブルメント（Partner Sales Enablement）」**でした。つまり、自社のパートナー企業／代理店の営業向けのイネーブルメントです。

　この背景には、「顧客の購買行動の変化」があります。顧客の購買チャネルが多様化していること、そして購買の際に製品・サービスを提供する企業の「顧客体験」を重視するというリサーチ結果が得られているのです。
　従来は、顧客は担当営業を通じて製品・サービスを購入していました。「担当営業＝その企業の顧客体験」でした。それが、近年はWeb、モバイル、サービスセンター、代理店など購買チャネル自体が多岐にわたるようになりました。
　一方で、担当営業を介さずとも顧客体験はこれまで通り重視します。チャネルは多岐にわたる一方、企業は幅広いチャネルで顧客体験を維持向上させることが重要課題になってきているのです。
　これは、**これまで自社のイネーブルメントに注力すればよかったことが、その範囲を顧客接点のある全てのチャネルに広げる必要が生じてきた**ことを意味しています。顧客接点のある社員やパートナー企業の営業に対して、顧客体験を最大化するためのイネーブルメントを提供していく必要があるのです。パートナー・セールス・イネーブルメントが注目されてきているのはこのような背景からでした。
　日本においても顧客の購買チャネルは多様化し、パートナービジネスを展開する企業は多数存在しますので、同様の流れになると予想されます。

市場はイネーブルメントの先を求めるようになってきています。早々に、顧客ニーズに対応するためのイネーブルメント体制の構築が求められるようになるでしょう。
　本書をきっかけに、小さくてもいいので、イネーブルメントの最初の一歩を踏み出す企業が増えることを切に期待しています。

　最後に、本書の制作にご協力いただきました皆さんに、この場を借りて深く御礼を申し上げたいと思います。
　出版の構想は以前からあったものの、私は出版社とのコネクションなどは一切ありませんでした。そこで最初の突破口を開いてくれたのが、松元絢さんです。彼女は、私がセールスフォース在籍時のチームメンバーでとにかく人脈ネットワークが豊かなメンバーでした。出版の構想を議論した際に、PRコンサルタントの落合絵美さんを紹介してくれました。彼女の紹介がなければ、この本は間違いなく存在していなかったでしょう。松元さんは現在フリーランスとして独立され、セールスフォースでのイネーブルメント経験を生かして人材育成やマインドフルネストレーナーとして大活躍しています。

　次に御礼を伝えたいのが、PRコンサルタントの落合絵美さんです。前述のとおり、今回出版をお願いすることになったかんき出版と私をつないでくださったのが落合さんでした。セールス・イネーブルメントというコンセプトを的確に理解され、このテーマに賛同し、私のキャラクターと相性が合うかんき出版の庄子錬さんをご紹介いただきました。実は、出版の話が一度なくなりかけたときも、かんき出版さんに掛け合っていただき、なんとか話をつないでいただきました。

　次に御礼をお伝えしたいのが、かんき出版の庄子錬さんと原稿執筆のサポートをいただいた堀切孝治さんです。取材ミーティングを何度も重ね、原稿に赤入れをしていただき、読者がわかりやすい内容に整理できたのはお2人のご協力あってです。先ほど述べたとおり、出版の話がなくなりかけた際に庄子さんのご理解があってこそ出版までたどり着けることができました。

そして、事例企業として取材協力をいただいたSansan事業企画部の畑井丈虎さん、NTTコミュニケーションズ Data.Campチームの徳田泰幸さん、セールスフォース・ドットコム Sales Enablement の安田大佑さん、この御三方には出版の趣旨をご理解いただき、これでもかというほど自社の取り組みを赤裸々に語っていただきました。皆様の取り組みは間違いなく最先端であり、事例紹介がなければ本書の価値は出し切れていなかったでしょう。皆様との取材インタビューがとても楽しく、聞いている間中テンションが上がっていたことを覚えています。

　イネーブルメントの取り組みは始まったばかりです。イネーブルメントは多くの企業で間違いなく必要とされてきます。読者の皆さんと一緒に1社でも多くの成功事例をつくり出していきたいと願っています。

2019年10月　山下　貴宏

参考文献

第1章

- 「日本の人事部 人事白書 2017」、株式会社アイ・キュー
- 「日本の人事部人事白書 2018」、株式会社アイ・キュー
- 「人材育成と能力開発の現状と課題に関する調査結果」、独立行政法人労働政策研究・研修機構（2017年8月）
- 「中小企業の『生産性向上』の要素とその『課題』について」、経済産業省中小企業庁（2016年11月28日）
- 「2018年度 教育研修費用の実態調査」、産労総合研究所
- 「Works 人材マネジメント調査 2017 基本報告書」、リクルートワークス研究所
- Scott Santucci, "Sales Enablement Defined", Forrester , 2010
  https://go.forrester.com/blogs/10-08-14-what_is_sales_enablement_and_how_did_forrester_go_about_defining_it/
- Thomas Barrieau, "What Is Sales Enablement?", IDC, 2016
  https://idcsalesenablement.com/what-is-sales-enablement/
- "Sales Enablement Optimization Study", CSO Insights, 2016
  https://www.csoinsights.com/blog/sales-force-enablement-sales-ops-collaboration-crucial/
- "Sales Enablement Grows Up: The 2018 Sales Enablement Report", CSO Insights/Brainshark, 2018
  https://www.csoinsights.com/wp-content/uploads/ sites/5/2019/01/2018-Sales-Enablement-Report.pdf
- "Sales Enablement : Best Practices, Case Studies & Insights", Demand Metric, 2014
  https://www.calliduscloud.com/wp-content/uploads/2016/03/Demand-Metric-Sales-Enablement-Best-Practices-Report.pdf
- Pam Didner, "Effective Sales Enablement", Kogan Page, 2017
- https:// salesenablement.wordpress.com/
- 2016 ATD State of Sales Training

https://www.td.org/research-reports/2016-state-of-sales-training

第2章

- 『THE MODEL (MarkeZine BOOKS) マーケティング・インサイドセールス・営業・カスタマーサクセスの共業プロセス』翔泳社、福田康隆 (2019)
- 『インサイドセールス 究極の営業術』ダイヤモンド社、水嶋玲似仁 (2018)

第3章

- カークパトリックモデル
  https://www.kirkpatrickpartners.com/Our-Philosophy/The-Kirkpatrick-Model

第4章

- ATD World-Class Sales Competency Model
  https://www.td.org/atd-world-class-sales-competency-model

セールス・イネーブルメント全般に関する情報ソース（海外）
- Sales Enablement Society
  https://www.sesociety.org/
- ATD Sales Enablement
  https://www.td.org/topics/sales-enablement
- Sales Enablement Pro
  https://salesenablement.pro/

【著者紹介】
山下 貴宏（やました・たかひろ）

● ── 株式会社Xpotential社長兼CEO。法政大学卒業、米国 Baylor University奨学金派遣留学。

● ── 大学卒業後、日本ヒューレット・パッカードに入社し法人営業を担当。その後、船井総合研究所を経て、外資系人事コンサルティングファームであるマーサージャパンで人事制度設計、組織人材開発のコンサルティングに従事。その後、セールスフォース・ドットコム入社。セールス・イネーブルメント本部長として、日本及び韓国の営業部門全体の人材開発施策、グローバルトレーニングプログラムなどの企画・実行を統括。イネーブルメント部門の規模を4倍に拡張し、グローバルトップの営業生産性を実現。

● ── 2019年同社を退社し、セールス・イネーブルメントに特化したスタートアップ、R-Square & Company（現 Xpotential）を立ち上げる。以来、大手企業から中堅企業まで数々の企業のイネーブルメント組織の構築に尽力している。セールス・イネーブルメントをテーマとした講演実績多数。イネーブルメント分野の日本での第一人者。

セールス・イネーブルメント
世界最先端の営業組織の作り方　　　　　　　〈検印廃止〉

2019年12月16日　　第1刷発行
2024年9月2日　　　第6刷発行

著　者 ── 山下　貴宏
発行者 ── 齊藤　龍男
発行所 ── 株式会社かんき出版
　　　　　東京都千代田区麹町4-1-4 西脇ビル　〒102-0083
　　　　　電話　営業部：03(3262)8011代　編集部：03(3262)8012代
　　　　　FAX　03(3234)4421　　　　　　振替　00100-2-62304
　　　　　http://www.kanki-pub.co.jp/

印刷所 ── 新津印刷株式会社

乱丁・落丁本はお取り替えいたします。購入した書店名を明記して、小社へお送りください。ただし、古書店で購入された場合は、お取り替えできません。
本書の一部・もしくは全部の無断転載・複製複写、デジタルデータ化、放送、データ配信などをすることは、法律で認められた場合を除いて、著作権の侵害となります。
©Takahiro Yamashita 2019 Printed in JAPAN　ISBN978-4-7612-7458-0 C0034